KB234791

격의 빅데이터

인쇄 2018년 5월 7일
발행 2018년 5월 7일

이 최천규 · 김주원 · 이상국
이 채종준
획 양동훈
집 박미화
인 김정연
팅 송대호

곳 한국학술정보(주)
  경기도 파주시 회동길 230(문발동)
  031 908 3181(대표)
  031 908 3189
지 http://ebook.kstudy.com
ㅣ 출판사업부 publish@kstudy.com
  제일산-115호(2000. 6. 19)

  978-89-268-8271-9 13320

진격의
빅데이터

진격의 빅데이터

진격의 거인, 빅데이터!
잡을 것인가, 잡아먹힐 것인가?

최천규 · 김주원 · 이상국 지음

이담 Books

지배할 것인가,
지배당할 것인가

2016년 2월 다보스포럼에서 천명한 제4차 산업혁명은 빅데이터를 기저에 깔고 있다. 인공지능(AI), 드론, 자율주행차량 등으로 대표되는 제4차 산업혁명의 성과들은 빅데이터를 통해 정확도와 정밀성을 극대화할 수 있게 되었다. 이제 빅데이터는 4차 산업혁명에 있어 없어서는 안 될 매우 중요한 핵심요소이며, 빅데이터를 통해 4차 산업혁명은 더욱더 그 빛을 발할 것이다.

앞으로는 잘 숙성된 와인을 구매하기 위해 지하 저장고의 오크통을 두드릴 필요가 없다. 그 대신에 캘리포니아 나파밸리에 있는 스타트업 기업인 '아바 와이너리(Ava Winery)' 공장으로 이메일을 보내면 된다. 아바 와이너리 실험실에서는 와인별 성분을 분석한 빅데이터를 활용해 유명 브랜드 와인과 똑같은 맛과 향을 가진 와인의 합성 복제품을 연구 중이다.

또한 스테이크를 생산하기 위해 소들을 도축할 필요도 없다. 친환경 공장에서 단백질과 지방 등을 합성한 인공 소고기가 먹는 사람에 따라 영양소를 맞춰 제공되기 때문이다. 그뿐만 아니라 농장에서는 강수량이나 기온, 토지의 미생물 상태 등에 관한 빅데이터를 분석해 기존 수확량을 대폭 증대시켜주는 처방농법이 도입·운영되고 있다.

병원에서는 인공지능과 빅데이터를 이용해 암 진단율을 95% 이상 높였으며, 각종 빅데이터를 바탕으로 환자에게 적합한 맞춤형 처방을 제공함으로써 완치율을 점차 높여가고 있다. 또한 항공기 엔진을 제조하는 공장에서는 자사 제품에서 얻은 빅데이터를 통해 고장이 나기 전에 미리 엔진을 교체해서 비행기 사고를 획기적으로 줄이고 있다. 이처럼 빅데이터는 이제 산업 전반에 걸쳐 필요하지 않은 곳이 없을 정도로 4차 산업혁명의 핵심요소가 되고 있다.

구글과 마이크로소프트, 아마존 3사는 자사 제품이나 서비스를 이용하는 수십억의 고객들에 관한 빅데이터를 수집하기 위해 연 36조 원 규모의 비용을 투자한다. 페이스북은 사막에 무료 와이파이를 제공하는 드론을 띄워 사용자 정보를 하늘에서 긁어모으고 있다. 독일에 있는 IBM 사물인터넷본부는 33층 빌딩 전체가 거대한 실험실이다. 전 세계 6천여 개 공장과 사무실에 설치된 20억 개 이상의 센서에서 발생하는 데이터를 실시간으로 수집해 분석 · 활용하고 있다. 중국의 텐센트와 알리바바 역시 사용자 정보를 수집해서 맞춤형 서비스를 제공하기 위해 혈안이 되어 있다.

이제 '왜(why)'는 더 이상 중요하지 않다. 무조건 빅데이터 쟁탈전에 뛰어들어야만 한다. 현재 글로벌 기업의 29%가 빅데이터를 활용하고 있으나 한국 기업의 경우 겨우 5%에 불과한 수준이다. 지난 100년간은 석유자원이 세계의 산업을 이끌어왔지만, 이제 향후 100년간은 데이터를 지배하는 자가 세상을 지배하게 될 것이다.

지배할 것인가, 지배당할 것인가?

진격의 거인처럼 다가오는 빅데이터를 요리하지 못한다면 필연적으로 지배당하게 될 것이다. 유능한 몇 명의 경영자에 의한 직관은 실패해도, 빅데이터가 주는 결론은 성공한다. 빅데이터가 주는 결론만이 중요할 뿐이다.

이 책은 4차 산업혁명의 핵심요소인 빅데이터에 관한 일반적인 개념들을 다루고 있다. 빅데이터를 수집하고, 분석하는 전문가들을 위한 서적이라기보다는 일반인들을 대상으로 한 빅데이터 개념서의 목적이 강하다. 따라서 데이터 사이언티스트나 데이터 애널리스트에게 필요한 전문적인 내용은 가능한 한 최소화하였다. 또한 빅데이터 개념의 특성상 일부 내용은 전문 용어를 사용할 수밖에 없었지만, 일반 독자들의 이해를 돕기 위해서 쉬운 문체로 서술하고자 노력하였다.

모쪼록 이 책이 독자들에게 빅데이터에 대한 개념과 관련 산업에 대한 미래 전망을 이해하는 데 도움이 되길 바라며, 더불어 21세기 성장 동력으로서 빅데이터 산업기반 구축에 필요한 인재를 양성하는 데 자그마한 힘이라도 될 수 있기를 기대한다.

저자 일동

CONTENTS

PART 4

빅데이터 분석 툴과 방법

진격의 거인,
빅데이터

제4차 산업혁명의 핵, 빅데이터

빅데이터는 4차 산업혁명을 이끌어가는 핵이다

2016년 스위스 다보스포럼에서 제시된 '제4차 산업혁명'이라는 의제는 지금까지도 많은 이들에게 설렘과 두려움의 단어가 되고 있다. 특히 4차 산업혁명의 핵심이랄 수 있는 인공지능(AI)의 등장은 미래에 다가올 새로운 혁명에 대한 막연한 기대감과 아울러 영화 '터미네이터'에서 보여준 인공지능로봇의 공격성과 파괴성에 대한 두려움 또한 갖게 했다.

애플의 '시리'외 구글의 '어시스턴트', 삼성의 '빅스비' 같은 인공지능비서나 자율주행자동차와 드론 등은 인간생활에 더 없는 편리함과 풍요로움을 제공해줄 것이라는 기대감을 증폭시키고 있다. 반면에 근로현장에 인공지능이 도입됨으로써 발생하는 일자리의 감소 문제, 사물인터넷(IoT)으로 인한 각종 윤리 및 보안의 문제 등은 인공지능에 대한 부정적 인식 또한 심화시키고 있다. 파생되는 문제를 떠나 4차 산업혁명이라는 거대한 물결은 이미 우리 주변에 다가와 있다. 거부할 수 없는 변화인 것이다.

4차 산업혁명은 말 그대로 혁명이라고 할 수 있는 많은 일들이 일어나 우리 산업과 생활 곳곳을 변화시키고 있다. 소니의 인공지능로봇 '아이보'처럼 사람들과 희로애락을 함께하는 인공지능로봇들이 줄을 이을 것이며, 구글의 자율주행차량이 도로를 메우게 될 것이며, 아마존의 택배드론이 24시간 우리 주변을 날게 될 것이다. 무엇이 이런 일들을 가능하게 하는가? 그것은 바로 빅데이터가 있기에 가능한 것이다.

1-1 소니의 아이보

1-2 아마존의 택배드론

1-3 구글의 자율주행차량

　　자율주행차량은 다양한 도로 여건과 예기치 못한 문제 상황을 수많은 실험과 시연을 통해 얻어진 빅데이터를 분석해 일련의 패턴을 찾아내고, 이를 최적화시켜 자율주행 시 발생할 수 있는 각종 오류를 제어하도록 해준다. 또한 이를 보다 더 정밀화하고 세밀화시켜 자율주행에 적합한 행동반응모형을 만들고, 이를 학습시켜 궁극적으로 사람의 도움이 없이도 목적지까지 안전하게 갈 수 있는 자율주행 프로그램을 완성하도록 해준다. 그뿐만 아니라 자율주행 시 각종 센서를 통해 얻어진 데이터와 교통통제센터와의 통신 데이터, 주변의 영상 데이터 등을 종합적으로 실시간 분석해 새롭게 변화된 주행환경을 인식하고, 최적화된 주행 반응을 이끌어낼 수 있도록 도와준다. 이것이 바로 빅데이터의 힘이다.

이처럼 빅데이터는 무생물의 인공지능로봇이나 자율주행차량, 드론 등에 생명력을 불어넣는다. 하나님이 인간을 창조하고 코에 생기를 불어넣었듯이 빅데이터는 무생물에게 생명력을 주는 4차 산업혁명의 핵심도구라고 할 수 있다.

빅데이터의 대가로 불리는 옥스퍼드대학교의 빅토르 마이어 쉰베르거(Viktor Mayer Schönberger) 교수는 빅데이터의 중요성에 대해 다음과 같이 역설한다.

1-4 빅토르 마이어 쉰베르거

"빅데이터는 새로운 시각으로 세상을 보게 해주는 안경이다. 빅데이터는 단순한 기술이 아니라 인간의 사고방식 자체를 바꿀 것이다. 이제 '왜'는 중요하지 않다. 데이터가 주는 결론만이 필요할 뿐이다. 데이터는 기업의 중요한 자산이자 경제의 필수 원천, 새로운 비즈니스 모델의 기반이 되고 있다. 말하자면 정보경제의 석유가 된 것이다."[1]

차상균 서울대학교 빅데이터 연구원장은 다음과 같이 예견했다.

"지난 100년간 석유가 세계 산업을 이끌었다면 앞으로는 데이터가 세계 산업을 이끌 것이다. 이 경쟁에서 밀려나면 국내 기업들은 세계 데이터 기업들의 하도급업체로 전락할 것이다."[2]

세계적인 여론조사기관인 갤럽의 짐 클리프턴(Jim Clifton) 회장 역시 빅데이터의 중요성을 다음과 같이 강조하였다.

"데이터의 수집 자체보다 그 속에 숨은 의미를 찾는 빅데이터 분석이 갤럽의 미래가 될 것이다. '무엇(what)'보다는 '왜(why)'를 찾으세요."[3]

---

1   조선일보(2015.5.30.) 기사 중 일부 발췌.

2   조선일보(2017.7.25.) 기사 중 일부 발췌.

3   조선일보(2015.6.6.) 기사 중 일부 발췌.

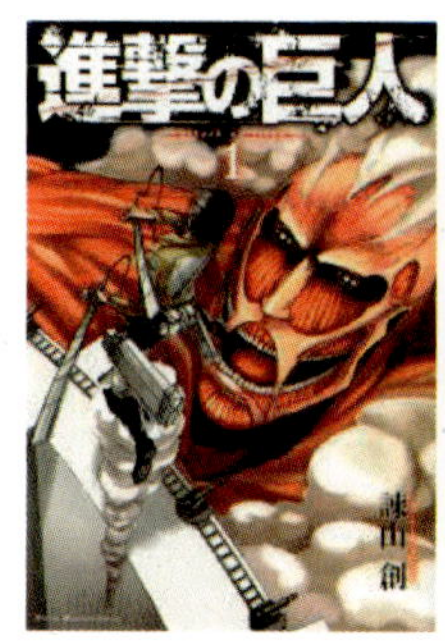

1- 5 이사야마 하지메(諫山創)의 『진격의 거인』

　실험실에서 와인의 빅데이터를 통해 당과 성분, 알코올, 향을 분석해 천연 와인과 똑같은 맛과 향을 복제해 와인을 만든다. 공장에서 단백질과 지방을 합성해 도축한 고기보다 친환경적인 인공 소고기를 만들고, 소고기를 먹는 사람에 맞춰 영양가도 조절한다. 빅데이터 분석기법을 적용해 경작지를 분석하고, 농지에 적합한 작물선택과 비료량을 조절하는 '처방농법'을 통해 수확량은 25% 늘리고 비용은 30% 절감하는 빅데이터 농법이 새로운 농법으로 각광을 받고 있다.

　빅데이터가 지배하는 세상은 이제 미래가 아닌 현실이 되었다. 우린 지금, '지배당할 것인가, 지배할 것인가'라는 선택의 기로에 서 있다. 빅데이터를 얼마나 잘 활용하고, 이를 산업에 어떻게 적용하느냐가 결과적으로 미래의 지배자를 결정하게 될 것이다.

빅데이터는 4차 산업혁명을 이끌어가는 '진격의 거인'이다. 빅데이터를 지배하는 자는 진격의 거인을 지배할 것이며, 그렇지 않은 자는 진격의 거인에게 먹힐 것이다.

Key Point

- 4차 산업혁명이 본격화되고 있으며, 4차 산업혁명의 핵심인 빅데이터는 새로운 시각으로 세상을 보게 해주는 안경이다.
- 빅데이터는 단순한 기술이 아닌 인간의 사고방식 자체를 바꿀 것이다.
- 빅데이터는 기업의 중요한 자산이자 새로운 경제의 필수 원천으로 향후 100년간 빅데이터가 세상을 이끌게 될 것이다.
- 빅데이터는 '진격의 거인'이며, 빅데이터에 적응하지 못하는 기업은 '진격의 거인'에게 먹힐 것이다.

빅데이터 시대를 맞이할 준비

빅데이터 경제시대, 향후 세대는 이에 대한 대비가 최우선이다

구글의 전 CEO인 에릭 슈미트(Eric E. Schmidt)는 "2003년까지 인류가 쌓아올린 데이터는 5엑사바이트(EB)[4] 수준인데 이제는 단 하루 만에 그 정도의 분량이 쏟아지는 시대가 되었다"고 강조했다.

2011년 통계에 의하면 매월 300억 개의 콘텐츠가 페이스북에 추가되고, 매일 14억 개의 트윗이 전송되었다. 매 시간 35시간 분량의 비디오가 유튜브에 업로드될 정도로 엄청난 양의 정보가 생성된 것이다. 2013년에는 10조 개의 텍스트 메시지가 발생했고, 각 기업은 8엑사바이트의 비즈니스 데이터를 생성하였다. 어마어마한 양의 데이터가 매일같이 쏟아지는 세상이 된 것이다.

---

4 1엑사바이트는 10^{18}

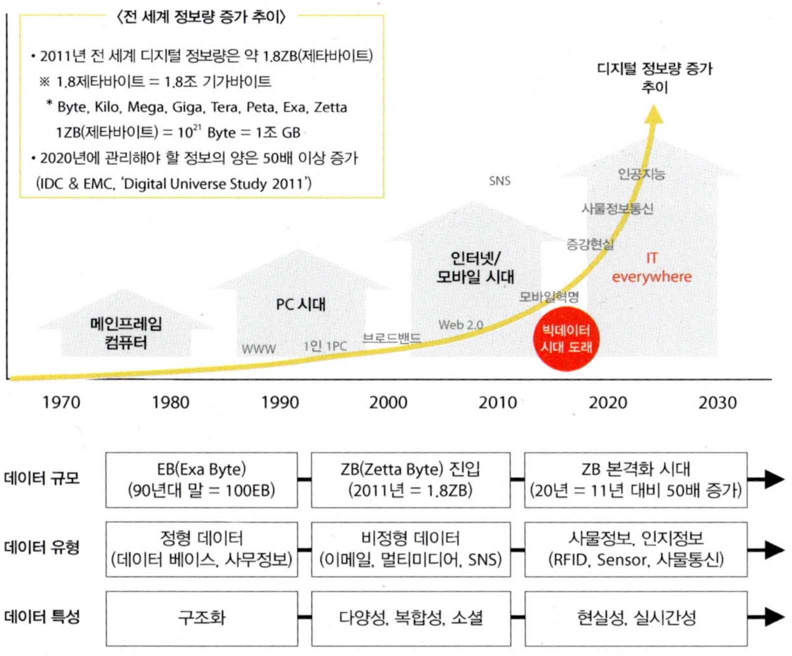

데이터 규모	EB(Exa Byte) (90년대 말 = 100EB)	ZB(Zetta Byte) 진입 (2011년 = 1.8ZB)	ZB 본격화 시대 (20년 = 11년 대비 50배 증가)
데이터 유형	정형 데이터 (데이터 베이스, 사무정보)	비정형 데이터 (이메일, 멀티미디어, SNS)	사물정보, 인지정보 (RFID, Sensor, 사물통신)
데이터 특성	구조화	다양성, 복합성, 소셜	현실성, 실시간성

ICT 발전에 따른 데이터의 변화 방향(출처: 한국디지털정책학회 빅데이터전략연구회, 『NCS 기반 경영 빅데이터 분석』, 와우패스, 2017)

이제는 엑사바이트의 시대를 넘어서 제타바이트(ZB)[5] 시대로 접어들고 있다. 스마트 단말기의 확산과 사물인터넷, 드론, 자율주행차량 등의 새로운 혁명은 데이터의 생성을 폭발적으로 늘려가고 있으며, 산

---

5 1제타바이트는 10^{21}1조 기가바이트의 정보량을 뜻함.

업 생태계 역시 급속하게 빅데이터 경제로 전환되고 있다.

인터넷데이터센터(IDC)의 보고에 따르면 빅데이터 관련 시장규모가 2012년도에 68억 달러에서, 2013년도에는 전년 대비 42%가 증가한 97억 달러로 증가했다고 한다. 2016년도 보고서에 의하면 빅데이터 기술과 서비스 시장이 2019년까지 연평균 23.1%씩 증가해 486억 달러에 이를 것으로 전망하고 있다.[6]

명실공히 빅데이터 경제시대가 본격적으로 도래한 것이다. 이로 인해서 교육이나 운송, 에너지 · 유틸리티, 소매, 보험, 통신 및 미디어 등 각종 산업에서 빅데이터 관련 투자가 적극적으로 일어나고 있다.

아울러 기업경영 분야에서도 빅데이터 분석을 통한 비즈니스 전략화가 급속히 확산되고 있다. 특히 금융, 서비스, 의료, 유통, 운송, 여행, 온라인 사업 등과 같이 많은 거래데이터를 쉽게 축적 · 활용할 수 있는 분야에서 적극적으로 활용되고 있다. 따라서 향후 세대들은 빅데이터 관련 지식이나 분석스킬 등에 대해 큰 관심을 기울일 필요가 있다.

---

6   한국디지털정책학회 빅데이터전략연구회, 『NCS 기반 경영 빅데이터 분석』 와우패스, 2017.

빅데이터가 답인 세상

데이터가 새로운 세상의 신으로 군림하다

2016년 다보스포럼에서는 공식적으로 4차 산업혁명이 일어나고 있다고 천명했다. 1차 산업혁명은 증기기관 기반의 기계화 과정을 이룬 산업혁명이었다. 2차 산업혁명은 전기에너지를 이용해 대량생산체제를 갖추었고, 3차 산업혁명은 컴퓨터와 인터넷을 통해 자동화 생산 시스템을 구축한 산업 혁신이었다. 그렇다면 4차 산업혁명은 무엇일까? 한마디로 인간이 만들어온 모든 지식이 융합되고 기술 사이의 경계가 없어지는 새로운 세상이 도래하는 것이다. 디지털, 생물학, 물리학, 바이오 등 모든 기술이 융합되어 이전과는 다른 새로운 창조가 이루어지는 것이다.

지금까지 우리가 일해오고, 살아왔던 삶의 방식이 근본적으로 바뀌는 기술혁명이 4차 산업혁명이다. 이 4차 산업혁명의 바탕에 바로

1–6 2016년 다보스포럼 정리 자료

데이터가 있다.

2016년 이세돌 9단과 구글 딥마인드가 만든 알파고가 바둑대결을 벌일 때 많은 사람들이 인공지능 컴퓨터에만 큰 관심을 보였을 뿐 데이터에 주목한 사람은 그리 많지 않았다. 알파고에는 2,034대의 컴퓨터가 연결되어 4,500년간 발전해온 바둑데이터가 고스란히 들어 있었다. 알파고는 이 바둑데이터를 이용해 스스로 학습하여 인간과 똑같이 바둑을 둘 수 있던 것이다. 만약 알파고에 바둑데이터가 들어 있지 않았다면 이세돌과의 바둑게임은 처음부터 이뤄지지 않았을 것이다.

1-7 이세돌과 알파고의 대결

Key Point

- 1차 산업혁명은 증기기관 기반의 산업혁명이었고, 2차 산업혁명은 전기 에너지, 3차 산업혁명은 컴퓨터와 인터넷을 활용한 산업혁명이었다.
- 4차 산업혁명은 디지털, 생물학, 물리학, 바이오 등 기술 사이의 융합을 통해 새로운 창조가 이루어지는 산업혁명이다.

빅데이터가 풀어가는 세상

빅데이터는 세상을 밝히는 새로운 등불이다

4차 산업혁명을 이야기할 때 가장 큰 화두는 인공지능과 빅데이터이다. 그중에서 빅데이터는 인공지능을 더 인공지능답게 만들어주는 핵심 역할을 한다. 인공지능은 빅데이터를 활용한 머신러닝과 지도 및 비지도 학습을 통해 더욱더 지능화되고 있다.

빅데이터를 이용한 사례 중 가장 잘 알려진 것이 서울시 심야버스 노선 최적화 사례이다.

1단게로 서울시를 반경 1km의 셀 1,250개로 나누고, KT와 협조하여 0시부터 새벽 5시까지의 통화량을 분석했나. 이를 통해 유동인구 밀집도를 분석한 다음 이를 지도상에 시각화했디. 2단계는 기존의 버스노선에 대하여 요일별, 시간별로 패턴을 분석한 다음 1단계에서 빅데이터를 통해 분석한 노선별 유동인구 가중치를 반영하여 노선을 최

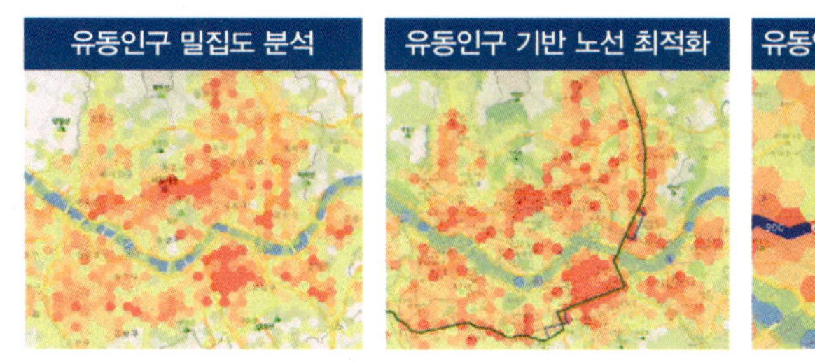

1-8 서울시 심야버스 노선 최적화

적화하였다. 3단계로는 정류장 단위별로 통행량을 추정해 요일별로 배차 간격을 조정하여 심야버스 노선을 최적화하였다. 그 결과로 우리는 불금에도 안전하게 집으로 돌아갈 수 있게 된 것이다. 빅데이터를 실생활에 활용한 대표적인 사례이다.

Key Point

- 4차 산업혁명의 화두는 인공지능과 빅데이터이다.
- 서울시는 빅데이터를 활용해 심야버스 노선을 최적화하여 시민들이 안전하게 귀가하는 데 도움을 주었다.

일상의 모든 것이 빅데이터

우리가 살아가는 세상의 모든 이야기가 빅데이터로 남는다

위키피디아는 빅데이터를 "기존 데이터베이스 관리도구의 능력을 넘어서는 대량의 정형 또는 심지어 데이터베이스 형태가 아닌 비정형의 데이터 집합조차 포함한 데이터로부터 가치를 추출하고 결과를 분석하는 기술"이라고 정의하고 있다.

우리나라 국가전략위원회에서 정의한 빅데이터는 다음과 같다.

"대용량 데이터를 활용·분석하여 가치 있는 정보를 추출하고 생성된 시식을 바탕으로 능동적으로 대응하거나 변화를 예측하기 위한 정보화 기술이다."

삼성경제연구소도 다음과 같이 빅데이터를 정의하고 있다.

"빅데이터는 기존의 관리 및 분석체계로는 감당할 수 없을 정도의 거대한 데이터의 집합으로 대규모 데이터와 관계된 기술 및 도구(수집, 저장, 검색, 공유, 분석, 시각화 등)를 모두 포함하는 개념이다."

빅데이터는 우리들이 살아가면서 일어나는 모든 사건이나 정보를 근거로 한다. 빅데이터는 정형화 데이터, 반정형화 데이터, 비정형화 데이터의 세 가지로 구분된다.

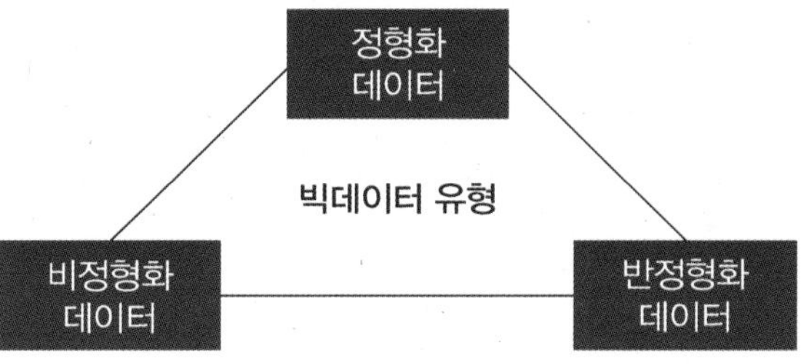

■ 정형화 데이터(Structured Data)

정형화된 데이터는 일정한 규칙을 갖고 체계적으로 정리된 데이터로 통계청에서 발표되는 통계자료, 각종 과학적 데이터 등을 말한다. 리서치기관에서 발표하는 자료와 각종 매체에서 발표되는 조사데이터 역시 정형화된 데이터다. 기업의 재무제표나 신용분석 보고서도 여기에 해당된다.

■ 반정형화 데이터(Semi-structured Data)

반전형화 데이터는 한글이나 워드, 파워포인트 등 각종 문서작성용 소프트웨어로 작성된 텍스트 데이터를 말한다. 의사소통을 위해 작성된 갖가지 기안이나 회의록, PC에 보관된 각종 문서파일이 여기에 해당된다.

■ 비정형화 데이터(Unstructured Data)

비정형화된 데이터는 인터넷이나 SNS, 스마트기기 등을 통해서 생성되는 데이터를 말한다. 대표적으로 페이스북이나 트위터, 카카오톡, 라인, 인스타그램, 메신저 등으로 상호 교류되는 모든 정보가 여기에 해당된다.

Key Point

- 빅데이터는 대용량 데이터를 활용·분석하여 가치 있는 정보를 추출하고 생성된 지식을 바탕으로 능동적으로 대응하거나 변화를 예측하기 위한 정보화 기술이다.
- 빅데이터는 정형화 데이터, 반정형화 데이터, 비정형화 데이터의 세 가지로 구분된다.
- 정형화 데이터는 일정한 규칙을 갖고 체계적으로 정리된 데이터이며, 반정형화 데이터는 한글이나 워드 등으로 작성된 텍스트 데이터이다. 그리고 비정형화 데이터는 스마트기기 등을 통해 생성되는 각종 데이터로 특히, SNS를 통해 상호 교류되는 모든 정보가 여기에 해당된다.

빅데이터의 특성

빅데이터는 단순히 빅(Big)한 특성만 있는 것이 아니다

미국의 유명한 IT 분야 연구조사업체인 가트너그룹(The Gartner Group)은 빅데이터의 특성을 3V+1C로 설명하고 있다. 즉 양과 속도, 다양성, 복잡성의 네 가지로 제시하고 있다.

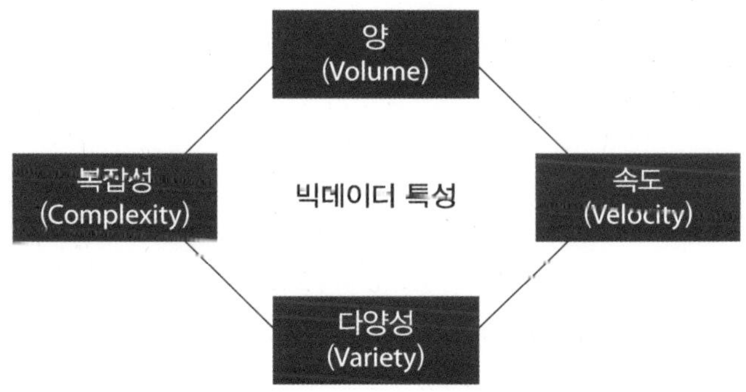

- **양(Volume)**

데이터의 양이 엄청나게 많다. 과거에는 몇백 명이나 몇천 명을 대상으로 해서 얻은 데이터라고 하면 모두가 대단하다고 여기던 일들이 이제는 아무것도 아닐 정도로 일상생활 어디에서나 기가바이트(Giga)를 넘어 테라(Tera), 페타(Peta), 엑사(Exa), 제타(Zetta) 바이트로 데이터가 생성되고 있다.

- **속도(Velocity)**

데이터가 생성, 분석, 확산되는 속도가 빛처럼 빠르게 이루어지고 있다. 거의 모든 데이터가 실시간으로 생성되어 서버에 쌓임과 동시에 분석되고 소비자와 서비스제공자에게 공급되면서 고객맞춤형 서비스가 가능해지고 있다. 소비자의 취향이나 욕구, 스타일이 실시간으로 생성, 분석되어 보다 더 세밀하고 친밀한 서비스가 가능해지고 있으며, 이 모든 것이 광속으로 이루어지고 있다.

- **다양성(Variety)**

빅데이터는 데이터의 형태가 단순한 숫자나 문자뿐만 아니라 개개인이 생성한 그림이나 음성, 동영상, 센서 데이터 등 다양한 포맷과 무정형의 상태로도 제공된다. 즉 정형화 데이터와 반정형, 비정형화 데이터 등 다양한 형태로 구성되어 있다.

■ 복잡성(Complexity)

빅데이터는 정형화, 반정형화, 비정형화 데이터뿐만 아니라 이종의 데이터끼리 결합되어 특별한 의미나 패턴을 찾아내기 때문에 데이터의 복잡성이 나날이 높아지고 있다. 예를 들어, 소비자의 GPS 정보, 구매일시와 구매품목, 가격, 구매처, 지도정보 등 동종 혹은 이종의 다양한 정보들을 결합시켜 활용하기 때문에 데이터가 매우 복잡해지는 특성을 갖고 있다. 이는 하나의 데이터만으로는 모든 현상을 다 파악할 수 없으므로 씨줄, 날줄의 정보뿐만 아니라 다양한 각도에서 정보를 취합하고, 결합하여 분석하기 때문이다.

Key Point

- 빅데이이터는 3V+1C의 특성을 갖는다.
- 3V: 양(Volume), 속도(Velocity), 다양성(Variety)
- 1C: 복잡성(Complexity)

활용 가치가 무궁무진한 빅데이터

빅데이터의 사회경제적 가치는 무한하다

빅데이터는 사회경제적으로도 많은 가치를 가지고 있다. 여러 생활현장이나 산업현장에서 발생하는 빅데이터를 시의적절하게 활용할 경우 비용을 크게 줄이고 산업의 투명성도 높일 수 있다. 예를 들어 기상정보나 환경정보 등을 활용한다면 각종 재난이나 위험으로부터 국민의 소중한 생명과 재산을 보호할 수 있다. 일본에서는 빅데이터를 활용해 지진을 예측하고 주민들을 대피시켜 재난을 예방하고 있다. 또한 고령화 사회에서 고독사를 방지하기 위해 활용하기도 한다.

소비자의 니즈를 발견하고 트렌드를 예측하며, 성과향상을 위한 실험에 활용하기도 한다. 이를 통해 맞춤형 비즈니스를 개발한다. 급변하는 환경에 신속하게 대응하기 위해 자동알고리즘을 통해 의사결정을 지원하며, 새로운 비즈니스 모델과 상품, 서비스를 개발하는 데 활용한다.

- 산업의 투명성 증대
- 각종 재난으로부터 국민의 생명과 재산 보호
- 소비자 니즈 발견
- 소비자의 트렌드 및 패턴의 발견
- 맞춤형 비즈니스를 위한 고객 세분화
- 자동알고리즘을 활용한 의사결정 지원
- 비즈니스 모델의 개발
- 상품 및 서비스 개발 및 개선 등

공공사업에서도 빅데이터를 다양하게 활용한다. 이상 현상을 감지하거나 가까운 미래를 예측하여 대응방법을 찾는다. 정책을 개발하거나 시민맞춤형 행정서비스를 개발하는 데도 이용한다.

- 이상 현상 감지(정상, 비정상 패턴 도출) 대응
- 시설물 등 불법개조 변경
- 공공시설 고장관리
- 위험관리시스템
- 세금징수관리

- 복지예산지출관리 등

■ **가까운 미래 예측 대응(사후감지 → 사전대응)**

- 범죄 및 사고 예방

- 교통체증 예방

- 지진 예방 및 대응

- 시민의 불만 사전대응 등

■ **분석된 상황 대응 및 신규 정책(행정) 개발**

- 대기오염, 수질오염 등 환경관리

- 위험시설 및 불법주차관리(모니터링 → 대응)

- 신규 행정서비스 개발 및 미래정책 개발 등

■ **시민맞춤형 서비스**

- 행정구역별/집계구별, 세대별 시민맞춤형 서비스

- 소득수준별 시민맞춤형 서비스

- 기타 시민맞춤형 서비스

Key Point

- 여러 생활현장이나 산업현장에서 발생하는 빅데이터를 시의적절하게 활용하여 사회적 비용과 산업 투명성에 기여할 수 있다.
- 공공사업에서도 이상 현상을 감지하거나 각종 정책을 개발하는 데 빅데이터를 활용한다.

빅데이터 산업의 특성

빅데이터는 사회 및 산업의 각 분야를 발전시키는 동력이다

『월스트리트저널』에 따르면 세계적인 기업인 구글과 아마존, 마이크로소프트 3사는 빅데이터 수집을 위한 데이터센터 등을 건립하는 데 약 36조 원(315억 달러)을 투자했다고 한다. 빅데이터는 그 정도로 중요한 의의를 갖는다. 미국 오리건 주에 있는 구글의 데이터센터는 3미터 높이의 철제 울타리가 처져 있고, 보안요원이 24시간 철통 경비를 서고 있어 군사시설을 방불케 할 정도이다. 구글의 데이터센터에는 전 세계 15곳에 설치된 250만 대의 서버를 통해 30억 명의 사용자가 만들어내는 각종 데이터가 실시간으로 쌓이는 곳이다. 2017년 7월 현재까지 쌓인 데이터는 15엑사바이트로 4단 캐비닛 3,072억 개의 분량에 달하는 양이다. 1엑사바이트가 10억 7천 기가바이트에 해당하니 그야말로 상상을 초월하는 엄청난 분량의 데이터가 쌓여 있는 셈인데, 이들

데이터는 각종 서비스를 정교화하고 새로운 비즈니스를 창출하는 데 활용되고 있다.

이처럼 빅데이터 산업은 대규모성은 물론 현실성과 시계열성, 결합성 등의 특성을 가진다.

■ 대규모성(Huge Scale)

빅데이터 산업의 첫 번째 특성은 데이터의 대규모성에 있다. 모바일과 스마트기기, 각종 센서 등을 통해 생성된 현실세계를 기반으로 한 대규모의 데이터는 특정상황이나 특정집단의 패턴을 정교화하는 데 매우 유용하게 활용된다. 과거 소규모의 표본을 통해서 패턴화했던 것과는 판이하며, 새로운 패턴을 찾아내고 이를 비즈니스에 적용해 성공하는 확률이 더욱 증대된다.

■ 현실성(Reality)

IT, 디지털, 모바일 기술의 발달로 대표되는 스마트 시대는 과거 아날로그 시대와는 비교할 수 없을 정도의 매우 빠른 속도로 현실적인 데이터를 만들어낸다. 버스를 타거나 걷고 있는 중에도 GPS나 폐쇄회로TV 등을 통해 각종 데이터가 생성되며, 카페에 가서 신용카드나 모바일로 결제하는 순간 그 정보는 고스란히 해당 서버에 실시간 데이터로 저장된다. 이를 통해 개인의 이동경로나 경험, 인식, 선호도 등을 파악해 맞춤형 서비스를 제공하거나 새로운 서비스를 개발할 수 있다.

■ 시계열성(Time series, Trends)

빅데이터를 통해 과거와 현재의 데이터가 시계열적 데이터로 연결되어, 특정한 패턴을 이루고 있는지를 판단할 수 있다. 그뿐만 아니라 과거의 어떤 특성이 현재와 미래에 어떤 인과성을 가지는지도 알 수 있다. 시계열분석을 통해 과거로부터 이어지는 현재뿐만 아니라 미래의 추세까지도 예측할 수 있다.

■ 결합성(Combination)

빅데이터는 정형화된 데이터뿐만 아니라 매우 다양한 포맷의 형태로 존재한다. 텍스트나 영상, 그림, 각종 센서정보 등 이종의 정보들은 나름의 정보를 담고 있으며, 이들 정보를 결합하고 분석해 새로운 정보나 의미를 도출할 수 있다. 또한 타 분야의 정보를 결합해 원인과 결과의 인과성을 밝히거나 상호관련성을 밝히는 데 활용할 수도 있다. 예를 들어, 특정한 개인의 외식습관과 진료받은 의료데이터를 결합해 개인의 질병 원인이나 발병률 등을 예측할 수 있으며, 이를 모형화하여 새로운 질병진단모형으로 정교화할 수도 있다.

이처럼 빅데이터의 산업적 특성은 매우 다양하며, 포괄적이다.

대규모성 (Huge Scale)	현실성 (Reality)
· 현실세계 데이터를 기반으로 한 정교한 패턴 분석 · 과거 소수 데이터보다 새로운 패턴을 찾아내고 적응할 수 있는 확률이 높음	· IT, 디지털, 모바일기술의 발달로 현실 정보, 실시간 정보 축적이 용이하고, 속도가 빠름 · 개인의 경험이나 인식, 선호도 등 인지적 정보의 파악
시계열성 (Time Series, Trends)	결합성 (Combination)
· 과거, 현재의 데이터를 연계해 시계열적 특성 파악 · 시계열분석이나 추세분석을 통해 미래를 예측	· 다양한 포맷으로 생성된 이종의 데이터를 결합해 새로운 정보, 의미를 도출 · 타 분야의 데이터를 결합해 시나리오를 보다 정교화하고 안정성을 검증하며, 시뮬레이션을 통해 모형화함

새로운 기회를 창출하고, 리스크나 불확실성을 감소시키며
사회 및 산업의 각 분야를 발전시키는 엔진 역할을 수행

Key Point

- 구글, 아마존, 마이크로소프트사는 빅데이터 수집을 위해 연간 36조 원을 투자하고, 수집된 엄청난 양의 데이터를 활용해 각종 서비스를 정교화하거나 새로운 비즈니스를 창출하는 데 활용한다.
- 빅데이터 산업은 대규모성과 현실성, 시계열성, 결합성 등 네 가지 특성을 갖는다.

미래사회의 새로운 동력 엔진

빅데이터는 미래의 새로운 기회를 창출하고 위험을 해결하는 엔진이다

우리가 살아가는 세상은 온갖 불확실성과 리스크로 가득 차 있다. 빅데이터는 이러한 불확실성에 대한 다양한 시나리오들을 통해 우리에게 통찰력을 제공한다. 리스크에 대해서는 이상 신호를 사전에 포착해 대응력을 높여준다. 즉 빅데이터는 스마트한 세상에서 개인화·지능화된 서비스를 제공하는 단초를 제공하는 것이다. 좀 더 자세히 말하면, 빅데이터는 소셜분석, 평판분석을 통해 최적화된 서비스를 제공하고 경쟁력을 확보하도록 해준다. 아울러 이질적인 데이터를 융합해 새로운 가치를 창출하게끔 도와준다. 4차 산업혁명으로 일컬어지는 미래사회에서 빅데이터는 새로운 기회를 창출하고 위험을 해결하는 엔진 역할을 톡톡히 하게 될 것이다.

- 불확실성에 대해서 통찰력을 제공
- 리스크에 대한 대응력 상승
- 스마트한 세상에서 새로운 경쟁력을 제고
- 이질적 데이터를 융합해 새로운 가치를 창출

세계적인 컨설팅회사인 베인앤컴퍼니(Bain & Company)는 빅데이터의 활용 영역을 다섯 가지로 제시하고 있다.

- 내부 업무처리의 개선
- 기존 제품과 서비스의 개선
- 신제품과 서비스의 개발
- 고객에게 제공하는 제품과 서비스의 표적화 향상
- 실시간 정보와 피드백을 활용하기 위한 전체 비즈니스 모델의 변경

Key Point

- 빅 데이터는 불확실성에 대한 다양한 시나리오들을 통해 통찰력을 제공해 준다.
- 빅데이터는 미래사회에서 새로운 기회를 창출하고 위험을 해결하는 엔진 역할을 톡톡히 하게 될 것이다.

미래의 유일한 비즈니스 모델

IT 기업에게 있어 빅데이터는 미래의 유일한 비즈니스 모델이다

IT 분야의 투자전문회사인 온셋벤처스(Onset Ventures)의 파트너 쇼밋 고세(Shomit Ghose)는 IT 기업에 있어 미래의 유일한 비즈니스 모델은 빅데이터뿐이라고 주장할 정도로, 빅데이터는 미래에 새로운 기회 영역이 될 것이다. 기업이 빅데이터로 돈을 벌든가, 아니면 돈 버는 데 빅데이터가 중심적인 역할을 하게 될 것이다.

빅데이터를 이용한 비즈니스 모델은 수익모델과 관계가 깊다. 고객이 원하는 것을 정확하게 제공하고, 이를 돈 버는 것과 자연스럽게 연결시키는 것이 수익모델이다. 즉 돈을 지불하는 대상이나 주체, 그리고 방식을 어떻게 가져갈 것인가의 문제다. 가장 이성적인 수익모델은 고객이 돈을 낼 때 스트레스를 받지 않는 것이다.

빅데이터를 이용한 비즈니스 모델은 기본적으로 다음 세 가지의

요소를 갖춰야 한다. MIT 슬론경영대학원의 피터 웨일(Peter Weill) 교수와 스테파니 워너(Stephanie L. Woerner) 교수는 비즈니스 모델의 3요소로 콘텐츠, 플랫폼, 고객경험을 강조한다.

- **콘텐츠**
  - 디지털화된 제품은 물론 상품설명 등의 정보
  - 넓은 의미에서 데이터

- **플랫폼**
  - 데이터를 수집하고 서비스를 제공하는 전체 시스템
  - 고객경험을 이끄는 서비스를 제공하는 통로
  - 스마트폰, 눈, 심지어 자동차도 플랫폼

- **고객경험**
  - 고객과 제공자와의 상호작용에서 느끼는 경험

Key Point

- 미래는 빅데이터로 수익을 내거나, 아니면 수익창출에 빅데이터가 중심적인 역할을 하게 될 것이다.
- 가장 이상적인 수익모델은 고객이 돈을 낼 때 스트레스를 받지 않는 것이다.
- 빅데이터 비즈니스 모델은 기본적으로 콘텐츠, 플랫폼, 고객경험이라는 세 가지 요소를 갖춰야 한다.

성공적인 활용전략

기술의 변화는 인력의 변화를 요구한다

창조는 곧 파괴다. 빅데이터로 인해 모든 비즈니스 영역에서 기존의 방식을 탈피하는 파괴적 현상이 나타나고 있다. 과거의 방식과 습관에 집착하지 않고 변화의 실마리를 찾아 실행하는 것을 두려워하지 않아야 한다. 사람들이 즐거워하고 편하게 생각하는 곳에 성공이 자리하고 있다. 그리고 그곳에 세상의 흔적, 곧 빅데이터가 있다.

빅데이터를 성공적으로 활용하기 위해서는 조직 내에 다음의 세 가지 역량을 보유해야 한다.

첫째, 양질의 빅데이터 자원을 확보하고, 확보된 데이터의 품질을 관리할 수 있는 역량이 필요하다. 올바른 빅데이터 분석은 이슈나 의사결정 문제에 적합한 데이터를 선별하는 것부터 시작된다. 연관성이 없는 엉뚱한 데이터를 가져다 놓고 분석해봐야 의미 없는 결과밖에 더

얻겠는가? 쓰레기 데이터를 입력하면, 쓰레기보다 더 나쁜 결과가 나올 수밖에 없는 것이다.

둘째, 이공계 기질과 인문계 기질을 겸비한 하이브리드형 두뇌를 가진 인재가 필요하다. 데이터를 사실에 입각해 냉정하게 바라보고 분석할 수 있는 논리적 사고와 분석된 결과에 의미를 부여할 수 있는 스토리텔링 능력이 겸비되어야 한다. 딱딱한 숫자에 부드러운 의미의 살을 입혀 설득력을 높여야 한다.

셋째, 계속해서 조직의 비즈니스에 적합하면서 도움이 될 수 있는 데이터를 생성하고, 수집할 수 있는 플랫폼 개발과 이를 관리할 수 있는 기술적 역량이 필요하다. 아날로그 시대에는 데이터가 필요할 때 많은 비용과 노력을 들여 수집했다. 그러나 모바일과 스마트 시대인 지금은 원하지 않아도 데이터는 끊임없이 생성되고, 또 누군가에 의해 수집되어 축적되고 있다. 그 데이터는 조직의 비즈니스에 도움이 될 수 있지만 대부분 다른 목적에 의해 수집되고, 저장되기 때문에 적합하지 않을 수도 있다. 따라서 조직의 비즈니스에 도움이 될 수 있고, 언제든지 제약 없이 가져다 쓸 수 있는 자신만의 플랫폼 기술을 확보해야 한다.

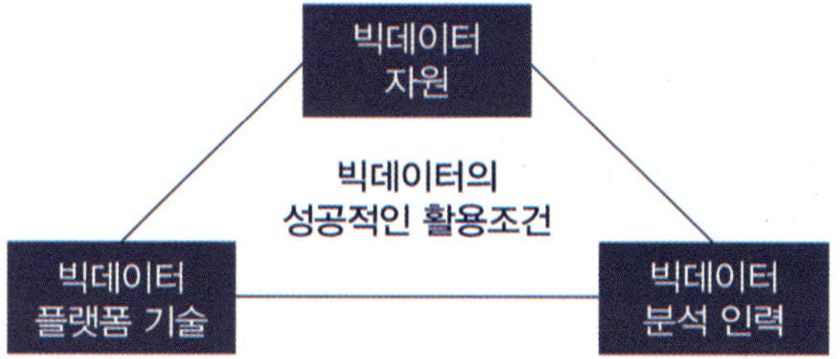

- **빅데이터 자원**

- 빅데이터 자원의 확보

- 빅데이터의 품질관리

- **빅데이터 분석 인력**

- 수학, 공학, 통계학 능력

- 데이터 사이언티스트

- 데이터 스토리텔링 능력

- 비판적 시각과 커뮤니케이션 능력

- 분석적 마인드로 무장

- 빅데이터 플랫폼 기술

- 조직에 적합한 빅데이터 수집

- 데이터 획득, 저장, 관리 기술

- 하둡(Hadoop) 등 대용량 데이터 처리기술

- 시각화 기술

Key Point

- 사람들이 즐거워하고 편하게 생각하는 곳에 성공이 자리하고 있다.
- 빅데이터의 성공적인 활용을 위해서는 빅데이터 자원, 분석 인력, 플랫폼 기술을 보유하고 있어야 한다.

PART 2

빅데이터 생태계와
빅데이터 전문가

산업 생태계를 재편하는 빅데이터

빅데이터는 새로운 산업 생태계를 만들고 있다

빅데이터에 의해 많은 산업이 재편되면서 빅데이터를 통한 새로운 산업 생태계가 만들어지고 있다.

일상생활에서, 실험실에서 각종 기계나 센서, 폐쇄카메라, GPS, 거래장부나 정보 등을 통해 다양한 형태의 데이터들이 생성되고, 수집된다. 빅데이터와 관련된 IT 전문가나 엔지니어들은 생성된 데이터를 어떤 방식으로 수집해서 체계화시킬지를 고민하며, 수집된 데이터는 수학자나 공학자, 통계학자에 의해 분석된다. 그리고 분석결과는 비즈니스 전략가들에게 새로운 비즈니스 기회를 창출시켜준다. 이렇듯 빅데이터는 하나의 거대한 흐름으로 산업 생태계를 재편하고 있다.

빅데이터는 경쟁우위의 원천이 될 것이다. 이를 통해 산업구조뿐만 아니라 산업 내 경쟁을 주도하는 대상도 변하게 되므로, 빅데이터의

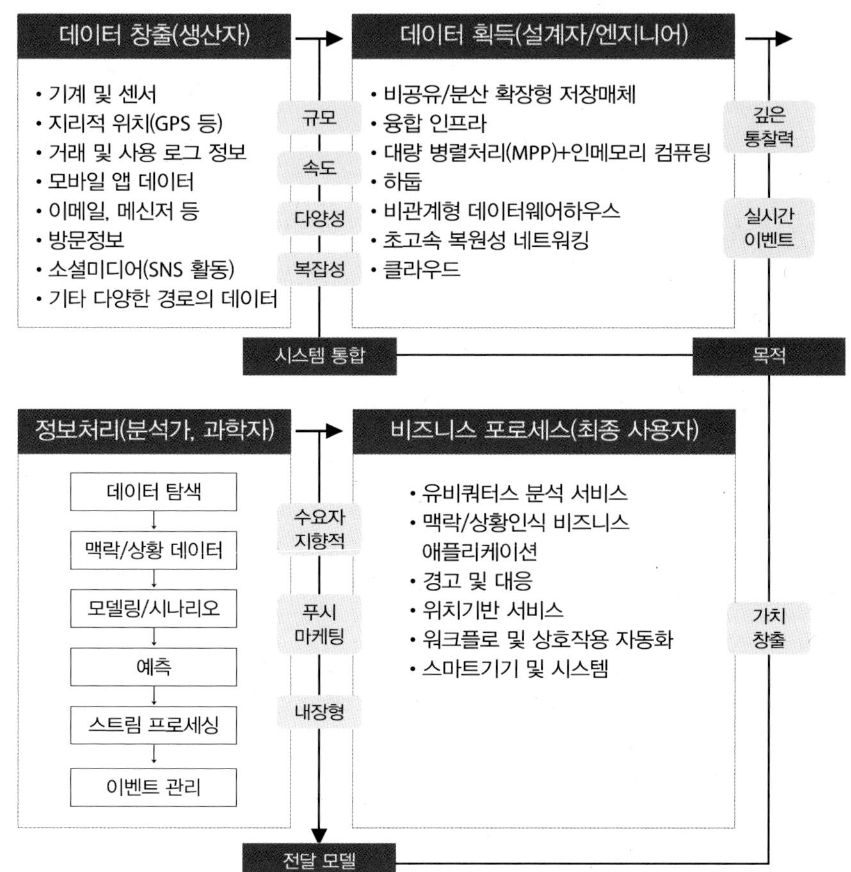

빅데이터 산업 생태계[출처: IDC(2014)의 자료를 재구성]

가치를 모르는 회사는 경쟁에서 밀려날 것이다. 이제 분명한 사실은 빅데이터를 통해 새로운 비즈니스 모델을 만들어야 한다는 것이다. 따라서 기업의 CEO는 자사에서 생성되는 데이터가 무엇이고, 어떤 가치를 지니는지를 분석해 새로운 비즈니스 모델을 구현하고, 이를 통해 수익모델을 어떻게 만들어갈지 고민해야 한다.

Key Point

- 빅데이터는 새로운 산업 생태계를 만들고 있으며, 산업구조뿐만 아니라 경쟁구조 역시 빅데이터에 의해 변하고 있다.
- 빅데이터는 경쟁우위의 원천이다. 그러므로 자사가 생성할 수 있는 데이터는 어떤 데이터이고, 어떤 가치를 가졌는지 분석하여 새로운 비즈니스 모델을 구현해야 한다. 그리고 이를 통해 어떻게 수익모델을 만들어갈지 고민해야 한다.

21세기 듣보잡(Job), 분석가들

빅데이터는 새로운 직업군을 만들어내고 있다

빅데이터는 새로운 산업 생태계를 만들뿐만 아니라 새로운 직업군(群)을 만들어내고 있다. 최근 보고된 바에 의하면 빅데이터 전문가는 전 세계적으로 약 150만 명 정도가 부족한 상황이라고 한다. 미국 맨해튼에 위치한 KPMG 이그니션센터의 마이크 돌란(Mike Dolan) 이사는 초임연봉으로 10만 달러를 줘도 빅데이터 전문가가 없어서 뽑지 못할 지경이라고 고충을 털어놓았다. 아울러 21세기 최고의 직업이라고 추천하는 데 주저하지 않는다.

맥킨지에 의하면 2016년 말 기준으로 미국에서만 데이터 사이언티스가 약 20만 명 정도 부족한 상황이라고 한다. 2014년을 기준으로 데이터 사이언티스트의 평균 초임은 10만 달러 정도이며, 중간관리자급은 약 14만 달러라고 한다.

데이터 사이언티스트에 대한 국가별 경쟁도 치열해지고 있다. 미국은 실리콘밸리를 중심으로 매달 수백 명씩 데이터 사이언티스트들을 채용하고 있다. 중국도 '천인계획(千人計劃)'을 상향 조정한 '만인계획(萬人計劃)'을 통해 데이터 사이언티스트를 양성하고 있다.

가히 21세기 최고의 '든보잡(Job)'이라고 하지 않을 수 없다.

• 분석가, 엔지니어 육성 대학 프로그램 정부지원
• 월가, 실리콘밸리, 컨설팅기업 매달 수백 명 채용

• 빅데이터 핵심인력 1천 명을 육성하는 '천인계획'을 '만인계획'으로 상향 조절
• 연구기관 '강선(港深)창의과학원' 설립 예정

미국과 중국의 빅데이터 관련 국가전략(출처: 매일경제, 2017.7.31.)

Key Point

- 빅데이터 전문가는 21세기 최고의 든보잡(JOB) 직업이다.
- 최근 보고된 자료에 의하면 전 세계적으로 빅데이터 전문가가 약 150만 명 정도 부족하다.
- 빅데이터 전문가, 특히 데이터 사이언티스트의 초임연봉이 평균 10만 달러 이상으로 보고되고 있다(2014년 기준).
- 데이터 사이언티스트를 확보하고자 하는 국가 간 경쟁도 매우 치열해지고 있으며, 중국의 경우 '천인계획'을 '만인계획'으로 상향 조정할 정도로 데이터 사이언티스트에 대한 수요가 폭발적으로 증대되고 있다.

데이터 애널리스트와 데이터 사이언티스트

빅데이터 시대의 꽃은 데이터 애널리스트와 데이터 사이언티스트다

빅데이터 생태계에서 데이터를 다루는 데 있어 핵심적인 역할을 하는 사람들이 있다. 데이터의 의미를 찾아내고 통찰력을 얻도록 해주는 사람들이다. 이들을 넓은 의미에서 '빅데이터 전문가'들이라고 한다.

빅데이터 전문가들은 그들이 보유한 역량에 따라 데이터 사이언티스트와 데이터 애널리스트로 구분한다. 데이터 사이언티스트는 주로 실시간으로 생성되는 대용량 데이터를 분석하거나 실시간 데이터를 수집하고 이를 분석하는데, 하둡이나 피그(Pig) 등 고난도의 IT 프로그램 기술을 사용하는 전문가를 일컫는다. 이들은 실시간으로 생성 및 수집되는 데이터들을 목적에 따라 수집하고 분석해서 의사결정자에게 전달하는 역할을 한다. 데이터 애널리스트는 IT 프로그래밍 같은 기술적 역량보다는 분석적 역량이 더 강화된 전문가를 말한다. 수학이나 통

계학적 역량을 갖추고, 수집된 대용량의 데이터를 분석해 소비자의 니즈나 원츠, 패턴이나 군집, 라이프스타일 등을 분석해서 새로운 비즈니스나 상품, 서비스 등을 개발하는 데 목적을 두고 접근하는 전문가들이다. 한마디로 말하면, 데이터 사이언티스트는 기술지향성(Technical Oriented)이 강하고, 데이터 애널리스트는 마케팅이나 전략지향성(Marketing & Strategy Oriented)이 강하다.

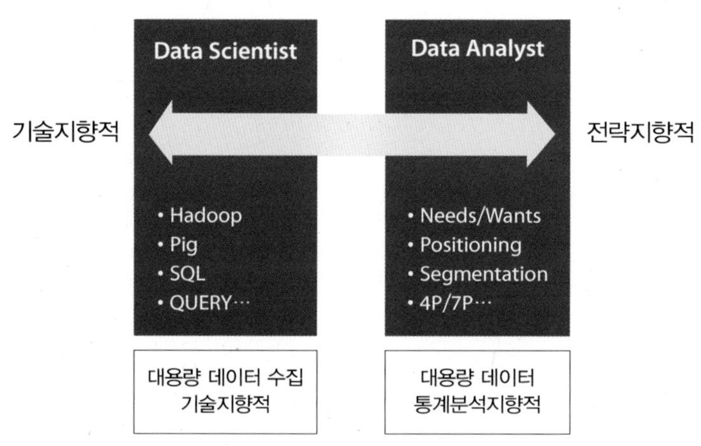

데이터 사이언티스트 vs. 데이터 애널리스트

데이터 사이언티스트

데이터 사이언티스트는 21세기 가장 섹시한 직업이다

빅데이터와 함께 관심의 대상이 되는 존재가 빅데이터 과학자다.

'데이터 사이언티스트'

『하버드비즈니스리뷰』에서 '21세기 가장 섹시한 직업'이라고 표현할 정도로 데이터 사이언티스트는 빅데이터 시대에 가장 핫한 직업 가운데 하나다. 이들은 다양한 유형의 대용량 데이터를 구조화하고 분석하는 역할을 담당한다. 데이터의 소스를 추적하고, 상호 이질적인 데이터를 결합하여, 불완전한 데이터를 완선한 형태의 데이터로 탄생시킨다. 이들은 데이터 과학의 핵심인재이며, 데이터와 살아가는 '데이터 매트릭스의 창조자들'이다.

2-1 『하버드비즈니스리뷰』에 소개된 빅데이터와 데이터 사이언티스트

Key Point

- 데이터 사이언티스트는 '21세기 가장 핫한 직업'이다.
- 데이터 사이언티스트는 다양한 유형의 대용량 데이터를 구조화하고 분석하는 역할을 담당한다.
- 데이터 사이언티스트는 데이터 과학의 핵심인재이며, 데이터와 살아가는 '데이터 매트릭스의 창조자들'이다.

데이터 사이언티스트의 역할

데이터 사이언티스트는 탤런트적인 역할을 수행해야 한다

빅데이터 산업에서 가장 중요한 역할을 담당하는 데이터 사이언티스트, 즉 데이터 과학자들은 빅데이터를 활용하는 데 있어 핵심적인 역할을 담당한다. 문제를 정의하고, 데이터를 측정하며, 문제를 분석한 결과를 비전문가들에게 설명하고, 혁신을 주도하는 등 다양한 역량을 갖추고 있다. 그러므로 이들에게는 공학적인 능력뿐만 아니라 통계학, 심리학, 인문학적인 소양까지 요구된다.

데이터 사이언티스트는 어떤 현상에 대한 문제를 해결하고 방향을 결정해주기 위해 다음과 같은 역할을 담당할 수 있어야 한다.

■ 문제를 정의하는 역할

• 비즈니스 혹은 개인의 문제와 관련된 현상을 보고 이를 해결하

기 위한 가설을 수립

- 가설규명을 위한 끊임없는 질문을 통해 나타난 현상이 어떤 문제를 의미하는지 규명

■ **문제를 구성하는 데이터를 측정하는 역할**

- 문제를 해결하는 데 필요한 데이터를 정의하는 역할
- 데이터를 수집 · 저장 · 탐색하는 역할
- 어떤 데이터를 확보하느냐가 문제해결의 단초를 제공

■ **문제를 분석하는 역할**

- 수집 혹은 축적된 데이터를 문제유형에 따라 분석
- 차이를 볼 것인지, 상관 혹은 인과성을 볼 것인지, 집단화의 형태를 봐야 하는지 아니면 시계열적 특성이나 패턴의 연속성, 유사성을 봐야 하는지를 결정
- 알고리즘을 구성하고 적절한 통계적 툴을 사용하여 분석하는 역할을 수행

■ **분석결과를 이용해 커뮤니케이션하는 역할**

- 분석결과를 이용하여 이해관계자들에게 효과적으로 커뮤니케이션하는 역할

- 분석결과에 대한 데이터 스토리텔링 능력이 중요
- 시각화, 대시보드 등 다양한 형태로 도출된 결과가 의미하는 바를 비전문가들에게 커뮤니케이션하는 능력

■ **혁신을 주도하는 역할**

- 측정, 분석, 커뮤니케이션 단계를 자동화하는 역할
- 일반적인 분석을 넘은 고급분석을 통해 다양한 비즈니스적 통찰력을 도출하는 역할
- 실행 가능한 프로세스를 정립하고 전략적 방향을 제시하는 능력이 중요

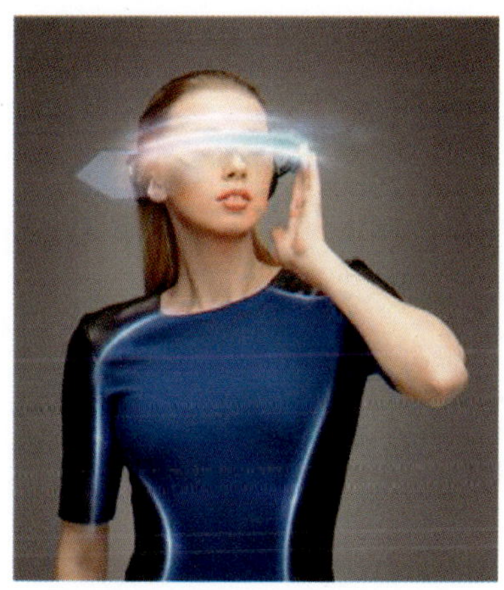

2-2 빅데이터는 미래를 보는 통찰력

Key Point

- 데이터 사이언티스트에게는 공학적인 능력뿐만 아니라 통계학, 심리학, 인문학적인 소양까지도 요구된다.
- 데이터 사이언티스트는 문제의 정의, 측정, 분석, 커뮤니케이션, 혁신 등의 다섯 가지 역할을 수행한다.
- 데이터 사이언티스트는 분석된 결과를 비전문가들에게 커뮤니케이션하기 위해 탁월한 데이터 스토리텔링 능력이 필요하다.

빅데이터 전문가에게 필요한 역량

빅데이터 전문가에게는 일곱 가지 역량이 필요하다

빅데이터 시대에 있어 데이터 전문가는 공자나 석가모니, 예수 등 현자를 따르는 사도(Apostle)와 같이 빅데이터 세상을 밝히는 사도들이다. 이들은 아무런 의미도 없어 보이는 데이터를 연결해 일련의 원칙이나 법칙을 찾아내고, 유사성을 찾아 그룹화하고, 트렌드를 읽으며, 통찰력을 발휘해 새로운 상품이나 서비스를 기획한다. 빅데이터 전문가! 이들이야말로 빅데이터 세상의 진정한 사도들이다.

빅데이터 전문가는 어떤 현상이나 문제에 대해서 관련 데이터를 수집한 뒤, 이를 분해하여 데이터 속에 들어 있는 의미 있는 패턴을 찾아내 문제해결이나 의사결정에 활용하두록 하는 매우 숭요한 역할을 한다. 따라서 빅데이터 전문가에게는 프로그래밍 능력뿐만 아니라 분석적 역량 등 다양한 역량이 요구된다.

2-3 빅데이터 전문가는 데이터 속에 숨어 있는 의미 있는 패턴을 찾아내 새로운 비
즈니스나 상품 및 서비스를 개발하는 데 주도적 역할을 함

빅데이터 전문가, 데이터 사이언티스트와 데이터 애널리스트에게
는 기본적으로 다음에서 열거하는 일곱 가지의 역량이 골고루 필요하다.

1	하이브리드형 두뇌(좌뇌+우뇌)
2	수학적 역량
3	통계학적 역량
4	논리적 사고력
5	프로그래밍 능력
6	커뮤니케이션 능력
7	인내심과 끊임없는 실험정신

Key Point

- 빅데이터 전문가는 데이터 속에 숨어 있는 의미 있는 패턴을 찾아내 새로운 비즈니스를 창조하거나 상품 및 서비스를 개선하는 데 있어 주도적인 역할을 담당한다.
- 빅데이터 전문가에게는 일곱 가지의 역량(하이브리드형 두뇌, 수학적 역량, 통계학적 역량, 논리적 사고력, 프로그래밍 능력, 커뮤니케이션 능력, 인내심과 끊임없는 실험정신)이 필요하다.

하이브리드형 인재

하이브리드형 인재는 좌뇌와 우뇌를 균형 있게 활용하는 인재다

빅데이터 전문가는 하이브리드형 두뇌를 가져야 한다. 빅데이터는 그 형태가 매우 다양한 포맷(정형화, 반정형화, 비정형화된 데이터)으로 구성되어 있으므로 좌뇌와 우뇌를 함께 활용하는 하이브리드형 두뇌를 갖춘 인재가 필요하다. 빅데이터는 단지 숫자로만 이루어져 있는 것이 아니기 때문이다. 숫자뿐만 아니라 텍스트, 영상, 그림, 로그인 정보, 지리적 정보 등 다양한 형태로 이루어져 있으므로 어느 한 방향의 지식만으로는 이들을 제대로 분석하거나 해석하기 어렵다.

다양한 정보를 다루기 위해서는 우선적으로 빅데이터를 분류하고 분석하는 능력이 필요하다. 수학이나 통계 등 수리적 역량과 개발 언어, 개발 툴 등을 능수능란하게 다룰 수 있는 이공계 성향의 인재가 필요한 것이다. 이공계 성향은 주로 좌뇌에서 비롯되기 때문에, 좌뇌적

기질이 풍부한 인재가 빅데이터 전문가로서 손색이 없다.

그뿐만 아니라 빅데이터 전문가는 단지 무미건조한 데이터만을 읽어주는 데 그치지 않고, 더 나아가 데이터 속에 숨어 있는 의미를 찾아내 각종 숫자나 분석결과로 도출된 통계량에 살(=의미)을 붙여서 읽어주는 데이터 스토리텔링 능력이 절대적으로 필요하다. 데이터 스토리텔링을 통해 데이터는 생명력을 얻게 되며, 타인을 설득하거나 전략화하고, 신제품을 개발하는 데 통찰력을 제시해줄 수 있다. 그리고 이러한 데이터 스토리텔링 능력은 인문학적 소양, 심리학적 소양 그리고 전략적 소양을 함께 갖추었을 때야 가능하다.

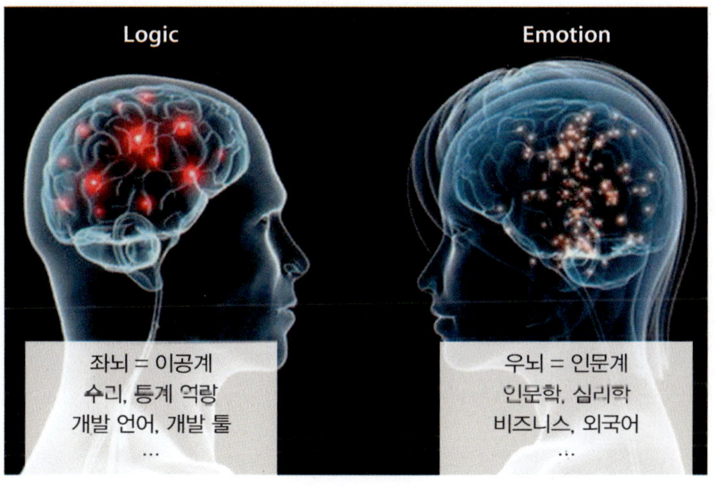

2-4 하이브리드형 두뇌

Key Point

- 빅데이터는 매우 다양한 포맷으로 이루어져 있으므로, 분석적 영역을 담당하는 좌뇌(이공계)와 분석결과를 해석하고 의미를 찾아 스토리텔링할 수 있는 우뇌(인문계)를 동시에 갖춘 하이브리드형 두뇌가 필요하다.

수학적 역량을 갖춘 인재

빅데이터 전문가는 숫자로 세상을 표현하는 능력을 갖추어야 한다

데이터 사이언티스트와 데이터 애널리스트가 수학적 역량을 갖추는 것은 매우 당연한 일이다. 결과적으로 데이터를 이용해 데이터에 숨겨져 있는 일련의 패턴이나 특성을 타인에게 설득력 있게 전달하기 위해서는 막연한 의미의 미사여구를 늘어놓기보다는 수리적으로 설명하는 것이 명쾌하기 때문이다. 데이터와 데이터 간에 내재된 종속적인 관계나 상호관계, 혹은 개체들 간의 유사성 등을 밝혀서 일목요연하게 표현하는 능력이 곧 빅데이터 분석의 품질을 좌우한다.

빅데이터 전문가는 엄청나게 많은 양의 데이터 속에 숨겨서 있는 세상의 흐름을 숫자로 표현하는 능력을 갖춰야 한다. 즉 수리적 기법을 통해 '데이터 속에 감춰진 세상(hidden world in data)'을 수학적인 모델링으로 표현하고, 그렇게 표현된 세상을 읽으며, 스토리텔링을 통해

더욱 설득력 있게 전달해주는 능력까지 갖춰야 한다.

2-5 빅데이터 전문가에게 요구되는 수학적 역량

Key Point

- 빅데이터 전문가는 수학적 역량을 갖춰야 한다.
- 데이터 속에 감춰진 세상을 수학적 모델링을 통해 표현하고, 이를 스토리
  텔링으로 전환시켜 설득력을 높일 수 있는 역량이 필요하다.

통계학적 역량을 갖춘 인재

데이터 분석을 통해 분포와 패턴을 찾아내는 역량이 필요하다

일반적으로 통계(統計, Statistics)라고 하면 대부분은 '머리 아픈 얘기(痛計)' 정도로 생각하는 경우가 많다. 한마디만 들어도 머리 아플 것 같은 복잡한 공식과 표준편차, 표준오차, 분산, Z값, F값, t값, 카이스 퀘어검증, t검증, 분산분석, 상관분석, 요인분석, 회귀분석, 판별분석, 컨 조인트분석, 군집분석, 메타분석 등 알아듣기 어려운 각종 분석과 통계 량들로 이루어져 있는 것도 사실이다. 그러나 통계는 복잡하기는 하지 만, 알고 보면 아주 착한 학문이다. 수많은 현상을 몇 줄 혹은 몇 개의 숫자(통계량)로 요약(Summary)해서 알아보기 쉽게 해주기 때문이나. 이렇듯 통계는 시간과 비용을 줄여주고, 복삽하게 얽혀 있는 현상들을 쉽게 이해할 수 있도록 해준다.

만약 통계를 모른다면 아무리 많은 데이터가 제공되어도, 거기서

어떤 의미도 찾을 수 없을 것이다. 통계를 통해 수많은 데이터 속에서 일련의 패턴을 찾고, 집단 간 차이를 밝혀서 그에 따른 대응방안을 만들어낼 수가 있다. 또한 데이터 속에서 원인과 결과 간의 관계를 찾아내 정확한 처방을 내릴 수도 있다. 따라서 빅데이터 전문가에게 있어 통계학적 역량은 필수불가결한 요소이며, 통계학적 역량을 얼마나 갖췄는가에 따라 빅데이터 분석의 품질이 결정된다.

2-6 빅데이터 전문가에게 요구되는 통계학적 역량

Key Point

- 빅데이터 전문가에게 통계학적 역량은 필수불가결한 요소이다.
- 통계학적 역량이 어떠하냐에 따라 빅데이터 분석의 품질이 결정된다.

논리적 사고력을 갖춘 인재

데이터 분석결과를 논리적으로 정리하는 스킬이 필요하다

빅데이터 전문가에게 필요한 또 다른 역량은 논리적 사고이다. 논리적 사고란 빅데이터 분석을 통해 나타난 결과를 논리적으로 정리하는 역량을 의미한다.

논리적 사고를 갖기 위해서는 첫째, MECE 방식으로 사고하기를 추천한다. MECE 방식의 사고기법은 세계적 컨설팅 기관인 맥킨지의 업무방식을 말한다. MECE란 'Mutually Exclusive and Collectively Exhaustive(상호 간에 중복되지 않고, 그럼에도 전체로서 누락되는 부분이 없는)'의 첫 글자를 따서 만든 밀로 맥킨지의 내표적인 업무 스타일을 의미한다. 아울러 사실에 입가해 나타난 결과를 구조화하고, 가설을 세워서 이를 검증하는 방식으로 접근하는 것이 중요하다.

논리적 사고력을 기르기 위한 두 번째 방법은 나타난 결과에 대해서 끊임없이 'So What?(그래서 무엇인데?)', 'Why So?(왜 그런데?)'를 통해 이야기의 비약을 방지할 수 있다. 빅데이터 분석을 통해 나타난 결과에 대해 이런 방식의 의문을 갖지 않는다면 논리적 비약에 빠지거나 중요한 맥락을 놓칠 수도 있기 때문이다.

1. 사실에 근거한다(Fact-based)
2. 구조화한다(Rigidly structured)
3. 가설을 세우고 접근한다(Hypothesis-driven)

| MECE | Mutually Exclusive |
| | Collectively Exhaustive |

논리적 사고력 향상을 위한 MECE 방식의 사고기법

Key Point

- 논리적 사고를 기르기 위해서는 MECE 방식의 사고기법이 필요하다.
- 빅데이터 분석을 통해 나타난 결과에 대해 끊임없이 'So What?', 'Why So?'라는 의문을 통해 논리적 비약을 막고, 사실에 입각해서 논리적으로 데이터 스토리텔링을 해야 한다.

프로그래밍 능력을 갖춘 인재

프로그램으로 데이터를 찾고, 정제하고, 정리하는 스킬이 필요하다

빅데이터를 분석한다는 것은 매우 힘든 과정이다. 문제해결과 관련된 데이터를 잘 찾아야 하며, 이렇게 찾은 데이터를 잘 끌어와서(Crawling), 잘 쌓아놓아야 한다. 그다음 데이터 속에 있는 불필요한 정보나 잘못된 데이터들을 찾아내 정리하고, 빅데이터 분석에 사용할 도구에 적합하도록 데이터를 구성해야 한다.

전 세계 빅데이터 전문가를 대상으로 조사한 '2013 Data Science Salary Survey' 결과를 보면, 빅데이터 분석도구로 가장 많이 쓰이는 것이 R(43%)로 니다났다. 그다음으로 파이썬(40%)이었으며, 우리에게 진숙한 엑셀(36%)이 세 번째도 많이 사용된 것으로 나타났다. 사용할 수 있는 빅데이터 분석도구가 많다면 연봉이 상승한다는 의미 있는 조사결과도 나왔다.

　　빅데이터를 분석한다는 것은 빅데이터를 이용해 희망하는 결과를 뽑아내야 하는 지루한 프로그래밍을 요한다. 빅데이터를 처리하기 위해서는 ① 빅데이터 수집, ② 빅데이터 저장·관리, ③ 빅데이터 처리, ④ 빅데이터 분석, ⑤ 분석결과(지식)의 시각화, ⑥ 폐기의 여섯 단계를 거치게 된다. 이런 모든 과정에서 프로그래밍 능력이 요구된다.

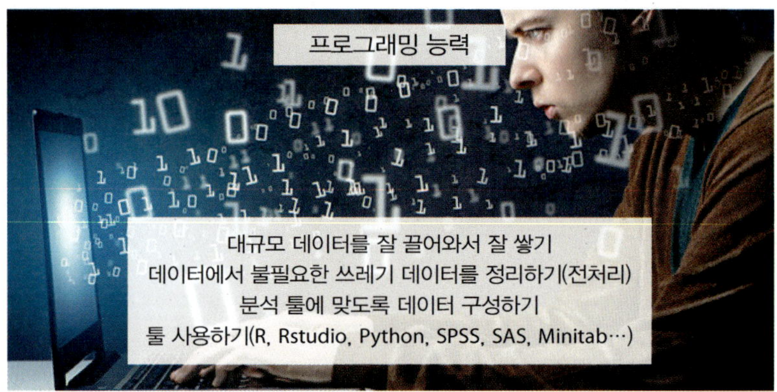

2-7 빅데이터 전문가에게 요구되는 프로그래밍 능력

Key Point

- 빅데이터를 분석하기 위해서는 데이터를 찾아서 수집하고, 저장/관리하며, 분석하고 시각화하는 등의 단계가 필요하다.
- 빅데이터를 분석하는 과정에서 프로그래밍 능력이 요구되며, 사용할 수 있는 프로그램이 많을수록 몸값이 올라간다.
- 전 세계적으로 R이 가장 많이 사용되며, 파이썬, 엑셀 등의 순으로 이용률이 높다.

커뮤니케이션 능력의 중요성

빅데이터를 분석하는 과정은 혼자서 할 수 없는 협업이 필요하다

빅데이터를 분석하는 작업은 많은 시간과 노력이 요구되는 힘든 과정이다. 데이터를 수집하고, 정리하고, 분석하고, 시각화하는 등 모든 작업은 혼자서 하기 어려운 일이다. 또한 필요한 데이터를 혼자서 다 찾을 수 있는 것도 아니다. 따라서 무엇보다도 중요한 역량 중의 하나는 타인들과 함께 작업할 수 있는 커뮤니케이션 능력이다. 다른 사람들과 협업을 통해 더 나은 결과를 찾아낼 수 있다. 그렇기 때문에 다른 사람을 이해하고, 문제없이 소통할 수 있는 소통능력은 매우 중요한 역량이다. 아울러 타인이 나와 다르다는 것을 인정하고, 존중해주는 배려심 또한 중요하다. 내 생각만을 고집하다 보면, 현상을 제대로 보지 못하는 독선과 아집에 빠질 수 있다. 그러다 보면 중요한 문제들을 놓치게 되는 우를 범하게 된다. 내 생각, 내 지식만을 고집하기보다는 타인의

의견과 생각도 소중하게 여기는 배려심이 중요하다.

2-8 빅데이터 전문가에게 요구되는 커뮤니케이션 능력

Key Point

- 빅데이터를 분석한다는 것은 매우 힘든 과정이며, 혼자 하기 어려운 일이다.
- 빅데이터를 분석하는 일은 각 분야의 전문가와 협업을 해야 하는 경우가 많으므로 커뮤니케이션 능력과 상대방에 대한 존중, 배려심이 요구된다.

인내심과 끊임없는 실험정신

분석목표에 도달하기까지 끊임없는 실험정신과 인내심이 필요하다

빅데이터 전문가들에게 요구되는 또 다른 역량은 인내심과 실험정신이다. 원하는 분석결과에 도달하기까지 지치지 않는 인내심이 필요하다. 또한 분석결과에 대해 꼬리에 꼬리를 무는 질문을 던지며 다양한 데이터 세트를 다양한 시각에서 여러 번 분석해보는 끊임없는 실험정신도 필요하다. 한 번 분석해보고 결과가 나왔다고 좋아하면서 컴퓨터의 전원을 끄는 것이 아니라 다른 각도에서 또다시 짚어보는 다각적인 접근 노력이 필요하다.

빅데이터 전문가에게는 '드릴 다운(drill down)' 방식의 사고가 필요하다. 드릴을 가지고, 파고 들어가듯이 분석결과에 대해 '최소한 5번의 Why'를 해볼 것을 권한다. 같은 결과와 증상이라고 하더라도 다른 원인이 있을 수 있기 때문이다.

2-9 빅데이터 전문가에게 요구되는 인내심과 실험정신

Key Point

- 끊임없이 질문하며 파고 들어가는 인내심과 실험정신이 필요하다.
- 분석결과에 대해 '최소한 5번 정도의 Why'를 사용하라.

PART 3

빅데이터의 가치를 높이는 법

빅데이터에 관한 세 가지 오해

빅데이터는 그 자체가 아니라 의미와 패턴을 아는 것이 중요하다

빅데이터를 이야기하다 보면 많은 사람이 오해하는 세 가지가 있다. 첫째, 빅데이터가 곧 해답이라는 잘못된 인식을 갖고 있다는 것이며, 둘째, 빅데이터는 모집단이라는 환상에 빠져 있다는 것이다. 그리고 셋째, 빅데이터 분석은 시각화가 전부라는 단순화에 빠져 있다는 것이다.

■ 첫 번째 오해, 빅데이터는 해답이다.

빅데이터는 어떤 현상에 대한 막연한 답이 아닌 보다 더 통찰력이 있는 해답, 즉 솔루션을 제공해준다. 그러나 빅데이터를 가지고 있다는 것만으로 해답을 주는 것이 아니라 빅데이터를 분석하고 정리해서 그 안에서 의미를 찾고, 통찰력을 찾을 때만이 비로소 의미가 있다. 이

를 위해 필요한 것이 통계적 역량과 분석적 역량이다. 빅데이터를 이야기할 때 많은 사람들이 '왜 통계분석을 하지?'라는 의문을 갖는데, 이는 빅데이터가 곧 해답을 자동으로 제공해주는 것이라는 잘못된 믿음을 갖고 있기 때문이다. 인터넷 포털사이트에서 제공되는 실시간 검색어 순위도 실시간 검색어를 분석해야지만 가능하다.

■ 두번째 오해, 빅데이터는 모집단 데이터이다.

물론 빅데이터가 모집단 전체의 데이터일 수 있다. 모집단의 규모가 작다면, 얼마든지 가능한 얘기이다. 그러나 모집단이 대한민국 전체 국민이라고 한다면 국민 한 사람, 한 사람의 데이터를 다 모을 수 있을까? 그것도 태어나면서부터 죽을 때까지 일생의 모든 데이터를? 그것은 아마도 먼 미래에나 가능할 것이다. 지금 우리가 사용하는 빅데이터는 전체 모집단 중에서 특정한 기간이나 시간대, 특정 패턴에 관한 수많은 표본의 빅데이터일 뿐이다. 이런 빅데이터를 통해 특정한 패턴을 분석하고, 이를 통해 의미나 시사점 그리고 통찰력을 얻게 되는 것이다.

■ 세 번째 오해, 빅데이터 분석은 시각화가 전부다.

많은 분석의 경우 빅데이터는 시각화를 통해 보다 더 통찰력과 설득력을 갖는다. 그러나 시각화는 빅데이터를 해석했을 때 숫자로 설명되는 각종 통계량을 이해하기 쉽도록 도표나 차트화하거나 도구를 통해 나타내는 기법일 뿐이다. 따라서 시각화 그 자체가 곧 빅데이터라는 잘못된 오해에서 벗어나야 한다. 빅데이터를 분석해서 통계량으로 설명했을 때 많은 사람들이 이해하지 못하는 이유가 바로 이러한 잘못된 오해에서 비롯된 것이다.

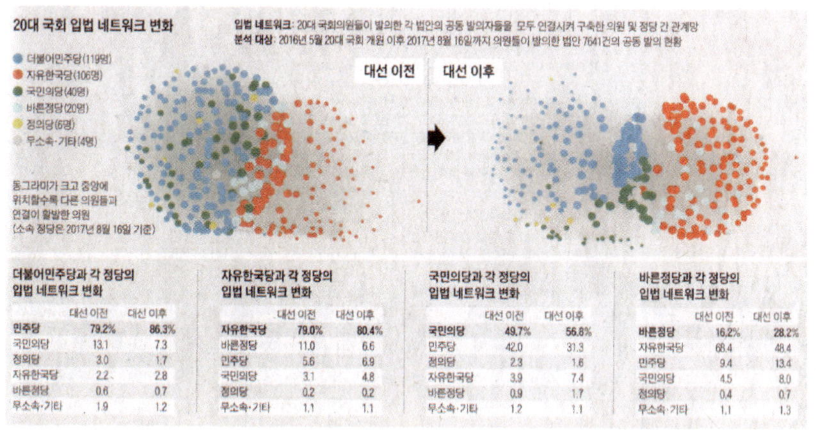

더불어민주당과 각 정당의 입법 네트워크 변화	대선 이전	대선 이후
민주당	79.2%	86.3%
국민의당	13.1	7.3
정의당	3.0	1.7
자유한국당	2.2	2.8
바른정당	0.6	0.7
무소속·기타	1.9	1.2

자유한국당과 각 정당의 입법 네트워크 변화	대선 이전	대선 이후
자유한국당	79.0%	80.4%
바른정당	11.0	6.6
민주당	5.6	6.9
국민의당	3.1	4.8
정의당	0.2	0.2
무소속·기타	1.1	1.1

국민의당과 각 정당의 입법 네트워크 변화	대선 이전	대선 이후
국민의당	49.7%	56.8%
민주당	42.0	31.3
정의당	2.3	1.6
자유한국당	3.9	7.4
바른정당	0.9	1.7
무소속·기타	1.2	1.1

바른정당과 각 정당의 입법 네트워크 변화	대선 이전	대선 이후
바른정당	16.2%	28.2%
자유한국당	68.4	48.4
민주당	9.4	13.4
국민의당	4.5	8.0
정의당	0.4	0.7
무소속·기타	1.1	1.3

빅데이터 분석을 통한 시각화(출처: 조선일보, 2017.10.9.)

빅데이터는 보유하고 있다고 해답이 저절로 얻어지는 것이 아니다. 빅데이터의 유형이나 형태, 관계 등을 분석해 결과를 얻고, 데이터 속에 숨겨진 의미와 패턴, 유사성, 관계 등을 통해 통찰력을 얻었을 때 비로소 빅데이터가 의미 있는 것이다. 아마존의 성공은 그동안 비평가의 추천 리뷰에서 과감히 벗어나 개개인이 구매내용, 검색만 하고 구매까지 연결되지 않은 경우 등을 분석해 개인 취향을 파악하고, 이를 통해 책을 추천함으로써 더 많은 책을 판매할 수 있었다.

Key Point

- 빅데이터는 보유하는 데서 그치는 것이 아니라 분석을 통해 데이터 속에 담겨 있는 의미를 찾아 통찰력을 얻는 것이다.
- 빅데이터는 곧 해답이며, 모집단이며, 시각화라는 오해에서 벗어나 분석할 때 비로소 참 의미를 알 수 있다.

원시 데이터의 가공

원시 데이터의 함정에서 벗어나라

빅데이터의 가치를 높이기 위해서는 빅데이터가 핵심자원임을 인식하고 필요한 정보를 추출하도록 자원을 키워나가야 한다. 이렇게 수집된 빅데이터는 책상이나 USB 메모리에 있는 상태로는 전혀 가치가 없다. 데이터를 분석하고 분석된 결과들에서 의미 있는 패턴을 찾을 때만이 빅데이터로서 값어치가 있다.

데이터는 크게 세 가지 유형으로 나뉜다. 원시 데이터, 정보, 인텔리전스로 나뉘며, 가장 가치 있는 정보가 인텔리전스이다.

■ 원시 데이터

• 현장에서 직접 수집된 원시 정보

• 디지털 흔적으로 가공되지 않고 쌓여 있는 정보

• 누구나 소유가 가능한 데이터

■ 정보

• 원시 데이터를 목적에 맞게 가공한 데이터

• 중간관리자 이상이 주로 활용

• 개선이나 혁신 등의 자료로 활용

■ 인텔리전스

• 최고급 정보

• 경영진 등 일부만 접근 가능한 비밀정보

• 전략과 전술, 경영이념, 인수합병 등에 활용

분석적 마인드의 중요성

구슬이 서 말이라도 꿰어야 보배다

우리 속담에 구슬이 서 말이라도 꿰어야 보배라는 말이 있듯이 빅데이터를 가지고 있는 것만으로는 아무런 쓸모가 없다. 당면한 문제와 관련된 빅데이터를 찾아내 이를 분석하고 통찰력을 얻을 수 있을 때 비로소 빅데이터로서 가치가 있는 것이다. 그러기 위해서는 무엇보다도 분석적 마인드를 가져야 한다. 다시 말해 쌓여 있는 빅데이터 중에서 어떤 데이터들이 관계가 있고, 어떤 데이터들이 관계가 없는지 가늠할 수 있는 능력이 있어야 한다.

빅데이터를 분석해주는 자동화된 도구를 활용하여 통찰력을 얻는 것도 좋다. 그러나 그러한 데이터들이 어떻게 분석되어 그런 결과가 나왔는지를 모른다면 숲만 보고 나무는 보지 못하는 어리석음을 범할 수 있다. 산업현장에서 자동화된 빅데이터 분석도구만을 사용하다 보면 도구가 주는 것만 볼 수 있을 뿐 새로운 것을 창조하는 능력은 퇴화하고 만다. 또한 예측하지 못한 새로운 상황이 발생할 경우 분석적 마인드가 형성되어 있지 않아 아무것도 할 수 없게 될 것이다.

예를 들어, 빅데이터를 분석해주는 자동화된 도구에서 평균이 56.5라는 수치로 나왔다고 가정해보자. 분석적 마인드가 형성되어 있지 않은 사람은 단순히 56.5라는 숫자에만 관심이 있어 계속해서 평균이 56.5가 나와도 별다른 문제를 느끼지 못할 것이다. 그러나 실제로 평균 56.5는 수많은 숫자들의 조합에 의해 산출된다. 또한 많은 변수들과 변동요인에 의해 산출된다. 어제의 평균 56.5는 오늘의 평균 56.5, 내일의 평균 56.5와 다른 것이다.

따라서 자동화된 도구를 활용하더라도 그 전에 분석적 마인드를 충분히 키운 다음에 도구를 활용해야 효과가 높다.

Key Point

- 빅데이터를 활용하기 위해서는 최우선으로 분석적 마인드를 가져야 한다.
- 빅데이터를 분석하는 데 있어 자동화된 도구를 사용하는 것도 좋으나 분석적 마인드를 갖추지 못하면 숲만 보고 나무를 보지 못하는 어리석음을 범할 수 있다.

숫자로 표현하는 세상

설득력을 높이려면 숫자를 활용하라

회사에서 잘나가는 사람과 그렇지 못한 사람의 차이점은 얼마나 상대를 설득하는 능력을 가졌느냐에 달려 있다. 상대방을 설득할 때 숫자를 사용하고 표나 그림 혹은 차트를 이용하면 막연한 어휘를 사용할 때보다 상대방에게 신뢰감을 줄 뿐만 아니라 설득력을 높여 일이 원활하게 돌아가도록 하며 또한 윗사람에게 신뢰감을 주어 탄탄대로의 길을 걸어갈 수 있다.

세계적인 석학 피터 드러커(Peter F. Drucker) 교수는 숫자를 활용해야 하는 이유를 다음과 같이 말하기도 했다.

"어떤 현상을 숫자로 표현하지 못하는 것은 문제를 정확히 알고 있지 못하다는 것이고, 정확히 알고 있지 못하다는 것은 관리할 수 없다는 것이고, 또한 개선할 수 없다는 것이다."

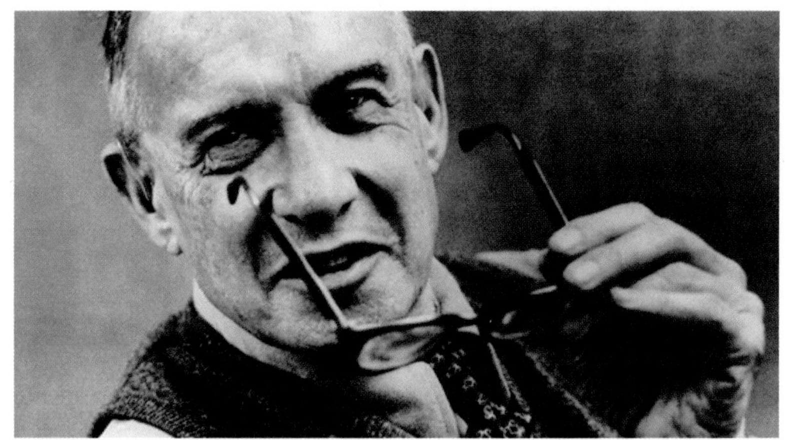

3-1 피터 드러커

흔히 요즘 세상을 스마트세상이라고 말한다. 그러나 스마트세상이라고 말하면서 사실 스마트세상이 무엇을 의미하는지 애매모호한 것도 사실이다. 어떤 사람들은 스마트세상을 스마트폰을 사용하는 세상쯤으로 이해하기도 한다. 그렇다면 스마트세상이란 무엇일까? 스마트세상이란 쉽게 말해 모든 일이 마연하지 않고 명확하게 드리나는 세상을 말한다. 첨단기술을 이용해 각종 징보가 확연하세 쏟아지고, 맘만 먹으면 모든 사람의 일거수일투족을 각종 블로그나 SNS를 통해 들여다볼 수도 있다. 멀리 떨어져 있어도 가상공간을 이용해 함께 공부하고

일할 수 있는 세상이 스마트세상이다.

이런 스마트세상에서 단연 돋보이는 것이 숫자다. 모든 세상이 숫자로 표현되고 있다. 이 숫자를 이용해 신제품을 개발하고, 소비자집단을 세분화한다. 생산 공정을 개선하고, 소비자 특성에 맞춘 보험 상품을 만든다. 숫자를 이용해 금요일 밤에 시민들의 안전한 귀가를 돕는 심야버스 노선을 조정하여 개선하기도 한다. 강력범죄를 줄이기 위해 범죄율과 각종 숫자정보를 통합해 시민들의 생명을 보호하기도 한다. 숫자는 디지털세상을 더욱 값어치 있게 해주는 마법의 지팡이다.

Key Point

- 설득력을 높이려면 숫자를 활용하라.
- 스마트세상이란 모든 것이 명확하게 보이는 세상이다.

분석을 통해 태어나는 빅데이터

분석이란 과정을 통해 비즈니스 세계에 화려하게 등장하다

빅데이터를 이야기할 때 대부분 분석에 초점을 두기보다는 데이터의 양이나 크기를 먼저 생각한다. 틀린 것은 아니다. 그러나 아무리 많은 데이터가 쌓여 있어도 그 데이터를 활용하지 못한다면 아무런 소용이 없다. 빅데이터가 어떤 형태로 있으며, 무엇을 담고 있는지 분해해서 그걸 사용할 수 있을 때 비로소 빅데이터는 의미를 가지게 된다. 즉 빅데이터는 분석이라는 과정을 통해서 비즈니스 세계에 화려하게 등장하는 것이다.

분석이란 어떤 대상이나 표상, 개념 등을 가시고 득정한 형태나 패턴을 갖는 부분이나 요소로 분해하는 것이다. 빅데이터는 처음에는 어떤 대상이나 사건 혹은 사상에 대하여 막연한 전체로서 주어진다. 그러나 이것은 데이터, 즉 원시 데이터로서의 주어진 것에 불과할 뿐 비

즈니스나 공정 개선, 신제품 개발, 학문 연구 등에 아무런 영향을 주지 못한다. 그래서 이것을 분석해 다양한 측면이나 속성, 요소나 요인으로 추출하여 그것들 간 상관성이나 인과성, 시계열성 등을 파악하고 종합할 때 비로소 빅데이터로서 의미가 있는 것이다. 혹자들은 왜 빅데이터를 이야기하는 데 통계분석 이야기가 많이 나오느냐 묻는데 이것은 빅데이터의 본질을 보다 깊이 들여다보지 못했기 때문이다.

Key Point

- 분석이란 어떤 현상이나 문제들에 대하여 관련 데이터를 수집한 뒤 이를 특정한 방법으로 분해해 데이터 속에 숨어 있는 패턴의 의미를 찾고 문제를 해결하는 과정을 말한다.
- 빅데이터는 분석이라는 과정을 거쳤을 때 비로소 생기를 갖는다.

분석은 문제 정의부터가 시작

문제가 무엇인지 정의하지 못한다면 해결방법은 없다

어떤 문제도 문제가 무엇인지를 정의하지 못한다면 그 해결은 요원하다. 문제에 대한 명확한 정의가 없다면 결단코 해결방법은 없으며, 설사 찾는다 하더라도 그 해결방법은 완전한 해결방법이 아닌 미봉책에 불과할 뿐이다. 따라서 문제의 해결을 원한다면 첫 번째로 문제에 대하여 명확하게 정의해야 한다.

문제를 올바르게 정의하기 위해서는 많은 전문적인 식견과 지식뿐만 아니라 지혜 그리고 문제를 찾아가는 네트워크 능력이 중요하다. 노하우도 중요하지만 노웨어 역시 매우 중요한 것이다. 따라서 혼자만 문제를 안고 끙끙거리기보다는 주위의 동료나 선행연구들을 살펴봐야 한다. 이를 통해 문제의 맥을 짚고 해결해나가는 과정에서 통찰력을 얻을 수 있다.

빅데이터를 분석하기 위한 문제는 대부분 다음의 네 가지 유형의 범주에서 크게 벗어나지 않는다.

첫째, 불확실한 상황에서 현명한 의사결정을 하기 위한 문제 유형

둘째, 과거 데이터와 변수 간의 관계를 이용하여 관심이 되는 변수를 추정하기 위한 예측문제 유형

셋째, 많은 데이터 속에 숨겨져 있는 유용한 패턴을 추출하여 분류, 군집, 순차, 연관분석, 변칙탐지 등을 목적으로 하는 데이터 마이닝 문제 유형

넷째, 주어진 제한조건을 만족하면서 어떤 기준, 즉 목적함수를 최대화 혹은 최소화하기 위한 최적화 해법을 찾고자 하는 문제 유형

Key Point

- 문제를 명확하게 정의하지 못한다면 그 해결은 요원하다.
- 빅데이터 분석의 문제는 의사결정지원, 예측, 데이터 마이닝, 최적화의 문제 등 네 가지 범주에 대부분 포함된다.

빅데이터 처리 절차

빅데이터는 여섯 단계를 통해 처리된다

빅데이터를 처리하는 과정은 크게 여섯 단계로 구분할 수 있다.

첫 번째는 빅데이터를 수집하는 단계로 조직의 내·외부에 있는 정형화, 반정형화, 비정형화된 데이터를 수집하는 과정이다. 빅데이터 수집과정은 단순히 데이터를 확보하는 것만을 의미하는 것이 아니라 데이터를 검색하여 수집하고, 변환과정을 통해 정제된 데이터를 확보하는 일련의 과정을 말한다.

두 번째는 빅데이터를 저장·관리하는 단계로 확보된 빅데이터로부터 유용한 정보를 얻기 위해 효과적으로 저상 및 관리하는 과정이다. 수집된 빅데이터를 분석하기 직합하도록 안전히고 영구적인 방법으로 보관하는 것을 말한다. 빅데이터 저장은 빅데이터 전/후처리와 빅데이터 저장으로 나눈다. 빅데이터 전처리 과정(Pre-processing)

은 활용목적에 맞지 않는 정보를 필터링하고, 유형을 변화시키며, 빠진 값(Missing Value)이나 데이터 속에 있는 노이즈를 제거하여 정제하는 작업까지를 포함한다. 후처리과정(Post-processing)에서 데이터 변환은 다양한 형식으로 수집된 데이터를 분석에 용이하도록 일관성 있는 형식으로 변환시키는 것을 말한다. 그다음으로는 평활화(Smoothing), 집계(Aggregation), 일반화(Generalization), 정규화(Normalization), 속성생성(Attribute/Feature Construction) 등의 과정을 거치게 된다. 또한 출처가 다른 연관성 있는 데이터를 통합하는 과정과 불필요한 데이터를 축소하는 과정도 후처리과정에 해당한다.

세 번째는 빅데이터 처리 단계이다. 빅데이터 처리는 기존의 데이터 처리방식과는 다르게 의사결정의 즉시성이 덜 요구되는 특성이 있다. 또한 대용량의 데이터에 기반을 두고, 분석 위주로 장기적이면서 전략적인 특성을 가진다. 빅데이터 처리는 단순한 프로세싱 모델이 아닌 다양한 소스로부터 데이터를 가져오기 때문에 복잡한 로직처리를 거치게 되는데 통상적으로 분산처리기술을 필요로 한다. 빅데이터를 처리하는 기술 중 선호되는 일괄처리(Batch Processing)기술은 쌓인 데이터를 여러 서버로 분산해서 처리한 뒤, 이를 다시 모아서 결과를 정리하는 분선, 병령 기술방식이다. 대표적으로 하둡의 맵리듀스(MapReduce), 마이크로소프트의 드라이애드(Dryad)가 있다.

네 번째는 빅데이터 분석 단계이다. 빅데이터로부터 의미 있는 결과나 시사점을 얻어내기 위해서 분석계획을 수립하고, 분석시스템을 구축하며, 분석을 실행하는 세 가지 절차로 이루어진다. 빅데이터를 분석하기 위한 기법들은 통계학, 전산학 그리고 머신러닝이나 데이터 마이닝 분야에서 사용되던 알고리즘을 개선하여 빅데이터 분석에 활용하고 있다. 최근에는 SNS 등에서 생성되는 비정형 데이터를 분석하기 위한 기법으로 텍스트 마이닝기법과 네트워크분석, 군집분석 등이 각광을 받고 있다. 빅데이터 분석기법으로는 빅데이터 통계분석, 데이터 마이닝, 텍스트 마이닝, 예측분석, 평판분석, 최적화분석, 소셜네트워크분석, 소셜빅데이터분석 등이 있다.

다섯 번째는 빅데이터 분석결과를 이용한 시각화 단계이다. 시각화란 매우 크고, 복잡한 빅데이터 속에서 의미 있는 결과나 시사점을 찾아내기 위해서 사람들이 직관적으로 이해하기 쉽도록 분석결과를 표현하는 기술이다. 시각화의 과정은 획득(Acquire), 분해/분석(Parse), 필터링(Filter), 의미도출(Mine), 시각적 표현(Represent), 개선(Refine), 상호작용(Interact)의 일곱 단계로 이루어진다.

1. 획득: 디스크의 파일이나 네트워크를 동해서 시각화하고자 하는 데이터를 획득한다.
2. 분해/분석: 데이터의 의미를 해석할 수 있도록 구조화한다.
3. 필터링: 시각화의 대상이 되는 중요하고, 관심 있는 데이터만

남기고 나머지는 제거한다.

4. 의미도출: 통계학이나 데이터 마이닝 등의 분석기법을 이용하여 패턴이나 유사성, 차이 등을 파악하거나 수학적인 맥락화를 시도한다.

5. 시각적 표현: 막대그래프, 선그래프, 파이 차트 등을 활용하거나 리스트, 트리구조 등의 기본적인 시각화 모델을 이용하여 분석 결과를 표현한다.

6. 개선: 기본적으로 표현된 시각화 결과에 대해 더 명확화하고 시각적으로 돋보이게 개선한다.

7. 상호작용: 사용자가 데이터를 변경하거나 내용을 조절할 수 있는 방법이나 스킬을 제공한다.

여섯 번째는 사용한 빅데이터를 폐기하는 단계이다. 특히 개인정보와 같은 데이터는 이용목적을 달성한 후에는 지체 없이 폐기해야 한다. 정보의 가치가 없는 데이터들 역시 분석 후에는 바로 폐기해야 한다. 유의할 사항으로는 빅데이터 분석 시 분산처리기술을 활용했다면 여러 곳에 분산·저장되어 있는 정보가 모두 완전하게 폐기되었는지 꼼꼼하게 검증할 필요가 있다. 다른 용도로 사용되지 않도록 유의해야 한다.

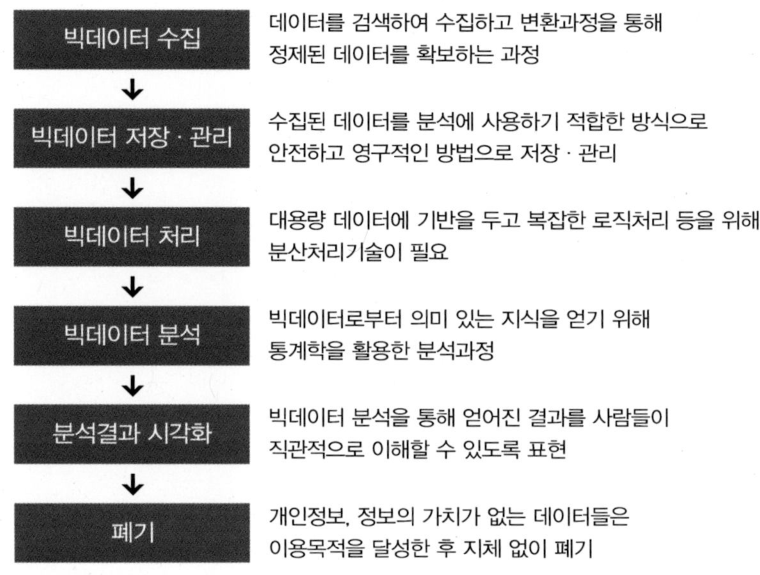

Key Point

- 빅데이터 처리는 빅데이터 수집, 빅데이터 저장 및 관리, 빅데이터 처리, 빅데이터 분석, 분석결과의 시각화 표현, 폐기 등의 여섯 단계로 이루어진다.
- 빅데이터를 이용하여 분석한 후에는 다른 용노로 사용되지 않도록 즉삭 폐기해야 하며, 분산처리기술을 활용했을 경우 다른 서버에 분산 · 저장된 데이터가 완전하게 폐기되었는지 꼼꼼하게 검증해야 한다.

텍스트 마이닝으로 시각화

비정형 데이터를 분석하는 방법인 텍스트 마이닝은 유용한 기법이다

빅데이터 분석기법에서 많은 이들이 관심 있어 하는 것이 텍스트 마이닝기법이다. 텍스트 마이닝기법은 SNS 등에서 텍스트로 이루어진 비정형 데이터들을 수집하여 노출 빈도나 사용 빈도를 분석해서 시각화하는 기법이다. 또한 다양한 문서들로부터 데이터를 획득해 문서별 단어 매트릭스를 만들어 추가 분석을 실시하거나 데이터 마이닝기법을 적용해 통찰력을 얻거나 의사결정을 지원하기 위한 방법으로 텍스트 마이닝을 활용한다. 텍스트 마이닝은 감성분석이나 워드클라우드를 통해 손쉽게 관계를 정리할 수 있다.

2017년 5월 10일에 취임한 제19대 문재인 대통령의 취임사를 텍스트 마이닝기법을 활용해서 분석하면, 다음과 같은 결과를 얻을 수 있다. 사용 빈도가 가장 많은 단어가 큰 글씨로 나타나 있고, 그 사용 빈

도에 따라 다양한 크기로 시각화되어 있다.

제19대 대통령 취임사 텍스트 마이닝

텍스트 마이닝을 하기 위해서는 기본적으로 R과 같은 분석 프로그램을 다룰 수 있어야 하는데, R이라는 프로그램은 오픈소스 소프트웨어로 전 세계에서 가장 많이 사용되는 프로그램이다. R을 기반으로 해서 몇 가지 프로그램을 추가하여 텍스트 마이닝을 하게 된다. 참고로 한글로 텍스트 마이닝을 하기 위해서는 기본적으로 R을 설치한 다음, 한글 형태소 분석패키지인 KoNLP와 tm, 워드클라우드 등의 패키지(R

구약 텍스트 마이닝　　　　　　신약 텍스트 마이닝

에서는 라이브러리라고 칭함)를 추가로 설치하여 분석작업을 하게 된다. 또한 KoNLP가 자바로 만들어져 있기 때문에 오라클 홈페이지에서 이에 필요한 프로그램을 설치해야 KoNLP가 제대로 작동한다.

　텍스트 마이닝은 수많은 정보들로 이루어진 빅데이터를 매우 간단하게 표현할 수 있다. 예를 들어 기독교의 성경은 구약 39권, 신약 27권 등 총 66권으로 이루어져 있다. 성경 속에 있는 글자 수는 약 133만 자로 추정이 되는데, 이러한 성경을 텍스트 마이닝기법을 활용해 분석하면 다음과 같은 결과가 나온다. 구약과 신약을 각각 분리해서 분석했을 때, 신구약 모두 '너희'라는 단어가 가장 많이 나오며, 그다음으로 '사람'이라는 단어가 자주 등장한다.

　이처럼 텍스크 마이닝기법은 133만 자에 해당하는 엄청난 양의 정보도 간단하게 시각화하여 보여주고, 직관적으로 쉽게 이해할 수 있도록 도와준다.

Key Point

- 텍스트 마이닝기법은 비정형 데이터들을 수집하여 노출 빈도나 사용 빈도를 분석해서 시각화하는 기법이다.
- 텍스트 마이닝기법은 다양한 문서들로부터 데이터를 획득해 문서별 단어 매트릭스를 만들어 추가 분석을 실시하거나 데이터 마이닝기법을 적용해 통찰력을 얻거나 의사결정을 지원하기 위해 활용된다.

텍스트 마이닝 품질과 데이터 정제력

텍스트 마이닝의 품질은 데이터 정제에 달려 있다

빅데이터를 제대로 분석하기 위해서는 무엇보다도 올바른 데이터를 가지고 분석하는 것이 중요하다. 텍스트 마이닝도 마찬가지다. 텍스트 마이닝이 제대로 되었는지, 그렇지 않은지를 평가하는 중요한 잣대는 텍스트 마이닝 전에 데이터를 얼마나 정제(Refinement)했느냐에 달려 있다. 텍스트 안에 들어가 있는 불필요한 특수문자나 공백, 숫자, 구두점, 대소문자 등 텍스트 마이닝을 한 후에 마치 얼굴에 나 있는 점처럼 불필요한 것들을 제거하는 작업이 우선적으로 이루어져야 한다.

데이터를 정제하기 위한 함수인 tm_map()함수를 사용하여 정제하거나 데이터 정제를 위한 라이브러리를 설치하여 정제작업을 할 수 있다. tm_map()함수는 텍스트 마이닝 라이브러리인 tm 패키지를 설치하면 사용할 수 있다. 그렇지 않으면 디플라이알(dplyr)이라는 라이브러리를 별도로 설치하여 데이터 정제작업을 진행하면 된다. 디플라이알에서는 select함수와 filter함수, mutate함수, group_by함수, summary함수, arrange함수, top_n함수 등을 이용해 데이터 정제작업을 할 수 있다.

데이터 정제작업은 기본적으로 데이터를 보다 쉽게 처리하기 위한 목적으로 실시한다. 불일치나 오류, 기계가 읽을 수 없는 형식을 제거하는 등 분석에 적합한 형식으로 데이터를 변환시키는 제반과정을 의미하며, 이러한 과정을 거친 후에야 비로소 텍스트 마이닝을 시작한다. 데이터 정제작업은 비단 텍스트 마이닝뿐만 아니라 모든 빅데이터 분석에서 분석의 품질을 결정하는 매우 중요한 과정이다.

Key Point

- 빅데이터 분석의 품질은 기본적으로 올바른 데이터를 활용하여 분석하는 데 달려 있으며, 텍스트 마이닝 역시 마찬가지다.
- 텍스트 마이닝이 얼마나 올바르게 수행되었느냐의 여부는 분석 전에 데이터 정제를 얼마나 잘 수행했느냐가 결정한다.
- 데이터의 불일치나 오류, 기계가 읽을 수 없는 형식을 제거하는 등 분석에 적합한 형식으로 데이터를 변환시키는 데이터 정제과정은 모든 빅데이터 분석에서 분석의 품질을 결정하는 매우 중요한 과정이다.

시각화 특성과 세 가지 원칙

시각화는 그림을 보여주는 것이 아니라 특정 정보를 전달하는 것이다

빅데이터 분석결과를 시각화하는 것은 잘 그려진 그림을 보여주려는 것이 아니다. 분석결과에 나타난 정보나 의미를 직관적으로 표현해 쉽게 이해시키기 위해서이다. 다시 말해 시각화는 도표나 이미지, 다이어그램, 워드클라우드 등의 시각적 수단을 사용하여 한눈에 알아볼 수 있게 제시하는 과정을 말한다.

빅데이터의 시각화는 다양하고 방대한 데이터의 특징을 쉽고 빠르게 요약하고, 이해할 수 있도록 도와준다. 아울러 데이터 속에 숨겨진 의미를 찾아내도록 도와주며, 논리적 사고가 가능하도록 해준다. 그뿐만 아니라 그래프나 차트의 심미적 효과를 이용해 설득력을 더욱 높여주는 역할을 한다.

빅데이터의 시각화는 커뮤니케이션 측면에서 다음과 같은 특성을

지니고 있다.[7]

첫째, 인간의 정보처리 능력을 확장시켜 정보를 직관적으로 이해할 수 있게 한다.

둘째, 많은 데이터를 동시에 차별적으로 보여줄 수 있다.

셋째, 다른 방식으로는 어려운 지각적 추론을 가능하게 한다.

넷째, 보는 이로 하여금 흥미를 유발하여 주목성이 높아지며, 인간의 경험을 풍부하게 한다.

다섯째, 문자보다 친근하게 정보를 전달하여 다양한 계층의 사람들에게 쉽게 다가갈 수 있게 한다.

여섯째, 데이터 간의 관계와 차이를 명확히 드러냄으로써 문자나 수치에서 발견하기 어려운 이야기를 창출할 수 있다.

일곱째, 데이터를 입체적으로 만들 수도 있으며, 필요에 따라 거시적 혹은 미시적인 표현이 가능하고 위계를 부여할 수도 있다.

데이터를 보다 효과적으로 시각화하기 위해서는 기본적으로 세 가지 원칙을 지킬 필요가 있다. 그 세 가지 원칙은 유일성, 축약성 그리

---

7 한국소프트웨어기술인협회 빅데이터전략연구소, 『NCS기반 경영빅데이터 분석사 2급』, 와우패스, 2017, 76p.

고 합목적성이다.

　첫 번째, 유일성이란 데이터가 의미하는 유일한 특성만을 제시하는 것으로 강력한 효과를 얻을 수 있다는 이점이 있다. 너무 많은 정보를 복잡하게 보여주게 되면 오히려 혼란만 가중시킬 수 있기 때문이다.

　두 번째, 축약성이란 세세한 설명을 자세하게 붙이지 말고, 핵심적인 단어로 축약함으로써 정보에 집중할 수 있도록 하는 것이다.

　마지막으로, 합목적성이란 전달하고자 하는 정보에 적합한 시각화 기법을 활용해야 한다는 것이다. 그냥 보기에 좋아서 아니면 남들이 만들어놓은 템플릿에 그냥 집어넣는 식의 시각화는 전혀 바람직하지 않다.

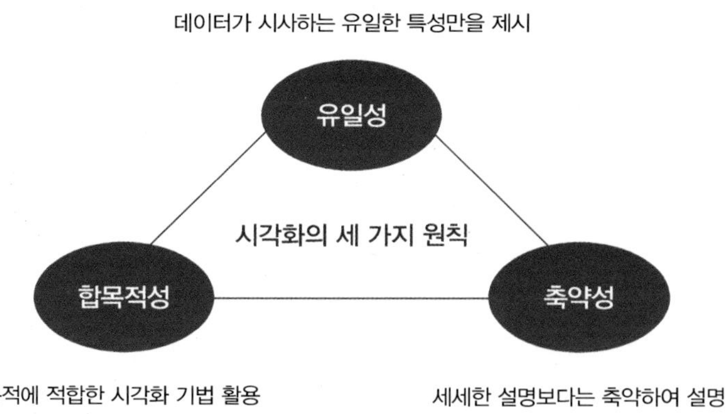

Key Point

- 시각화는 다양하고 방대한 데이터의 특징을 쉽고 빠르게 요약하고, 이해할 수 있도록 도와준다.
- 시각화를 효과적으로 나타내기 위해서는 기본적으로 유일성, 축약성, 합목적성의 원칙에 입각해서 실행할 필요가 있다.
- 유일성이란 데이터가 의미하는 유일한 특성만을 제시하는 것이다.
- 축약성은 핵심적인 단어로 축약함으로써 정보에 집중할 수 있게 하는 것이다.
- 합목적성이란 전달하고자 하는 정보에 적합한 시각화 기법을 활용하는 것이다.

효과적인 시각화 기술

시각화는 방대한 양의 데이터를 시각적으로 묘사하는 역할을 한다

빅데이터 분석에 있어서 시각화는 매우 중요한 의미를 갖는다. 분석의 결과를 시각적으로 묘사함으로써 이해도를 높이며, 심미적으로 화룡점정과도 같은 감동을 준다.

시각화를 효과적으로 수행하기 위해서는 시각화와 관련된 개념을 이해할 필요가 있다. 빅데이터를 분석해서 효과적으로 정보를 전달하기 위해서는 나름대로 시각화의 기본원리나 원칙들을 준수할 필요가 있다. 일반적으로 시각화 기술은 크게 5가지로 구분할 수 있다. 시간 시각화, 분포 시각화, 관계 시각화, 비교 시각화, 인포그래픽스 등이다.

■ 시간 시각화

시간적 순서를 가지며 분절형과 연속형으로 구분된다. 관측 시점

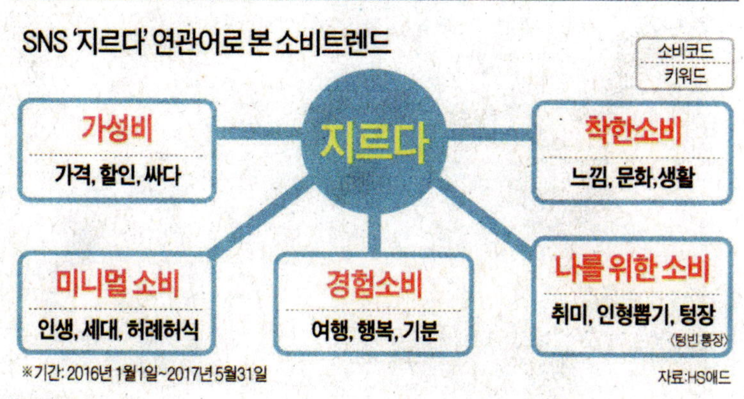

시각화의 예(출처: 한국경제, 2017.9.18.)

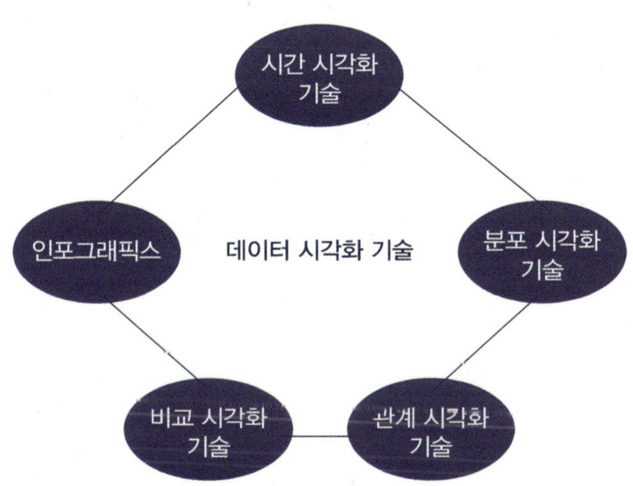

과 시점 사이의 시차가 중요한 역할을 하며, 주로 트렌드나 어떤 경향
치를 발견하기 위한 목적으로 활용한다. 스캐터 플롯이나 라인차트, 계
단식 차트 등이 시간 시각화 기술에 해당한다.

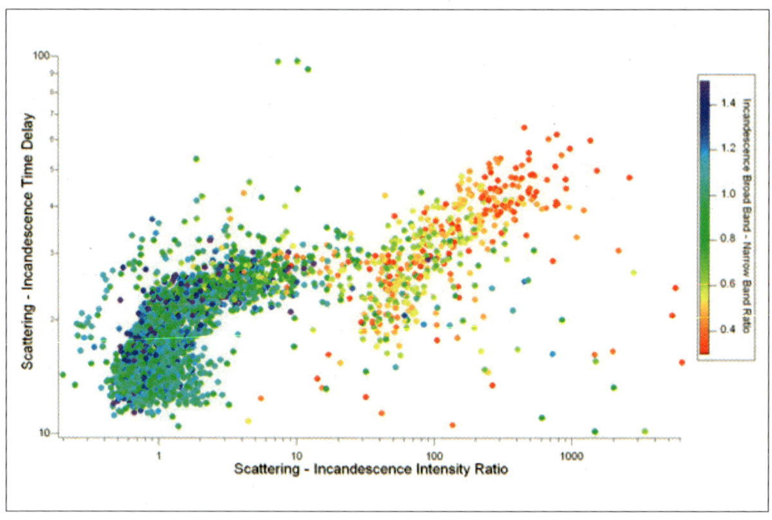

3-2 스캐터 플롯

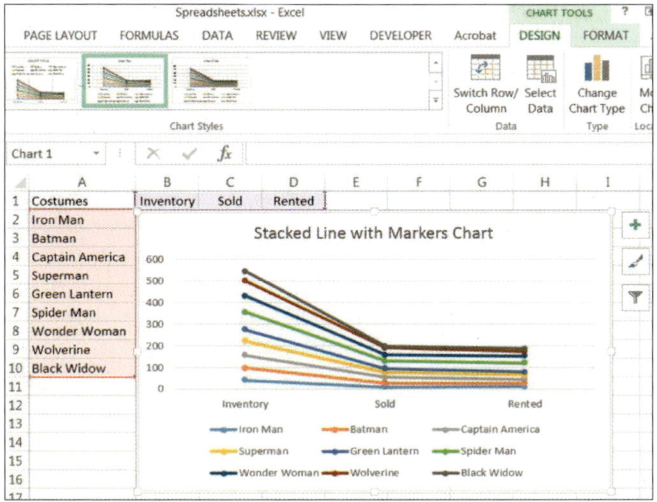

3-3 라인차트

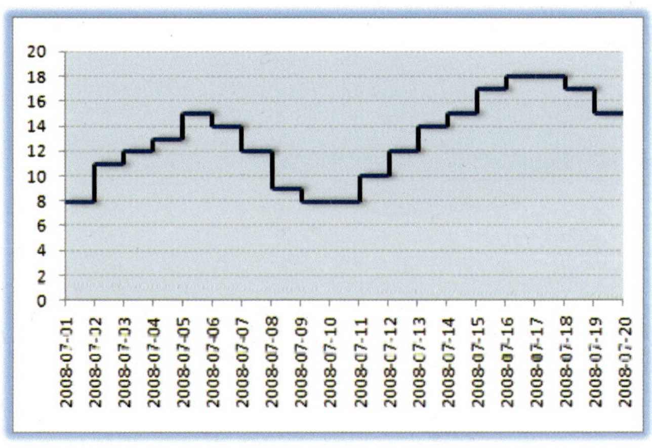

3-4 계단식 차트

■ 분포 시각화

분포 시각화 기술은 전체에 관한 분포나 시간에 따른 분포 등으로 구분할 수 있다. 최솟값이나 최댓값 등을 찾아낼 수 있으며, 주로 쓰이는 차트는 파이차트, 도넛차트, 누적 막대그래프, 누적 영역 그래프, 선 그래프 등이 많이 쓰인다.

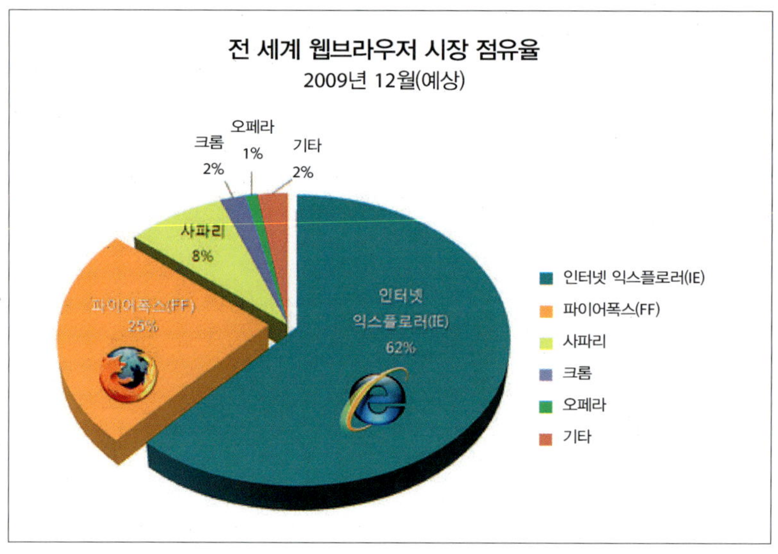

3-5 파이 차트

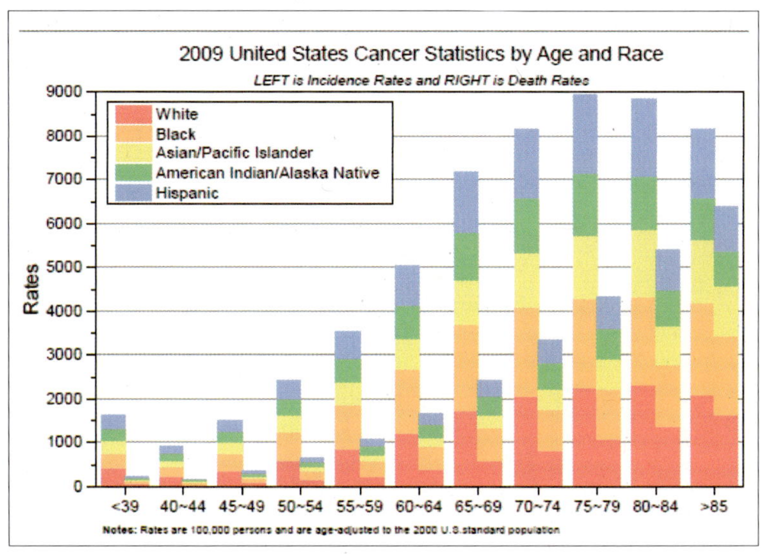

3-6 누적 막대그래프

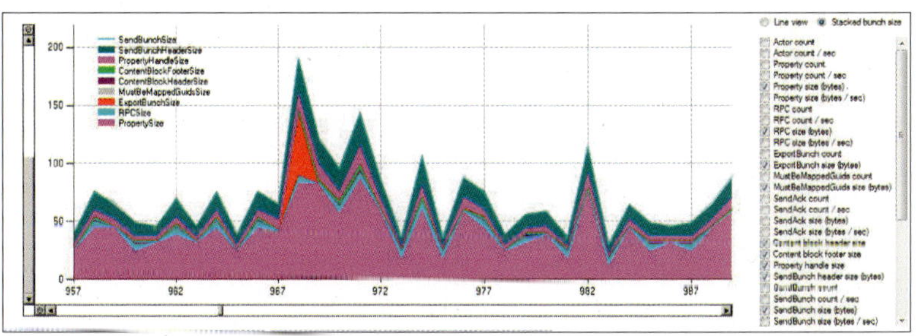

3-7 누적 영역 그래프

■ 관계 시각화

관계 시각화 기술은 상호관계나 인과관계 등을 나타내는 시각화 기술이다. 관계 시각화에 잘 쓰이는 차트는 스캐터 플롯이나 히스토그램, 버블 차트 등이 있다.

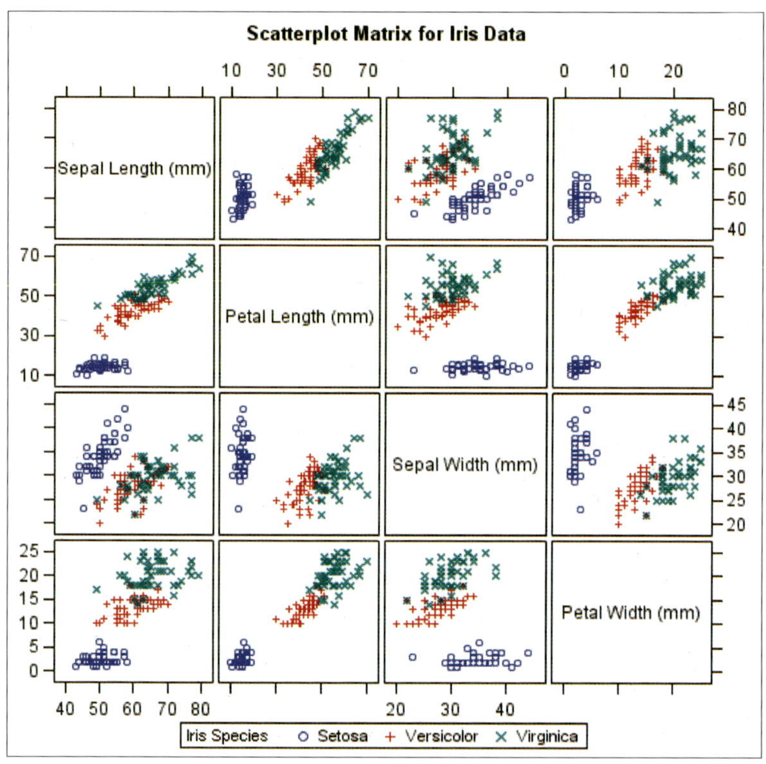

3-8 다차원 스캐터 플롯

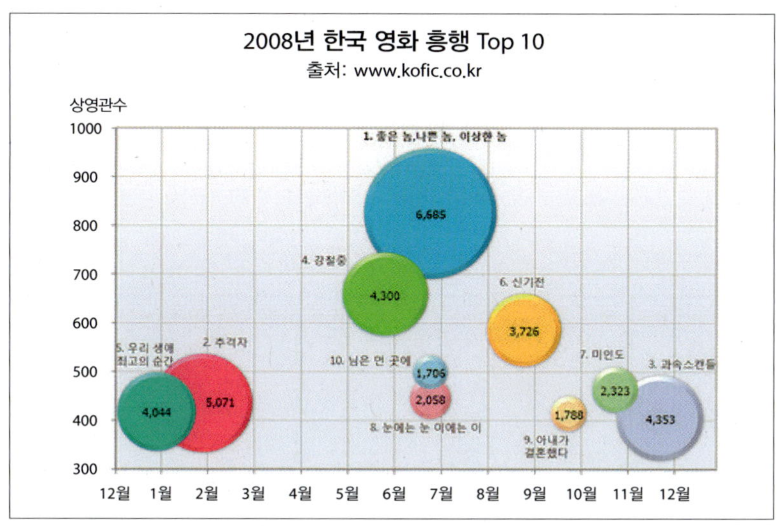

3-9 버블 차트

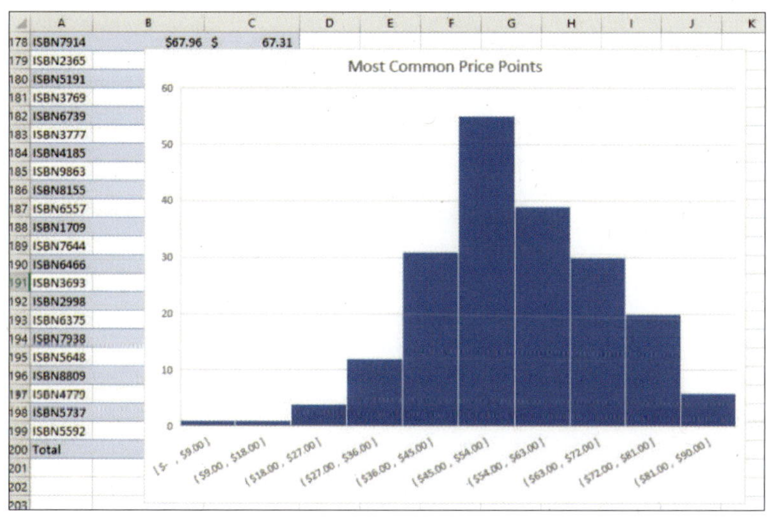

3-10 히스토그램

■ 비교 시각화

비교 시각화는 여러 개 변수들의 특징을 활용해 한 번에 비교함으로써 전체적인 정보를 표현하는 방법이다. 방사형 차트나 트리맵 차트, 선버스트 차트, 폭포 차트 등은 비교 시각화를 위한 좋은 차트들이다.

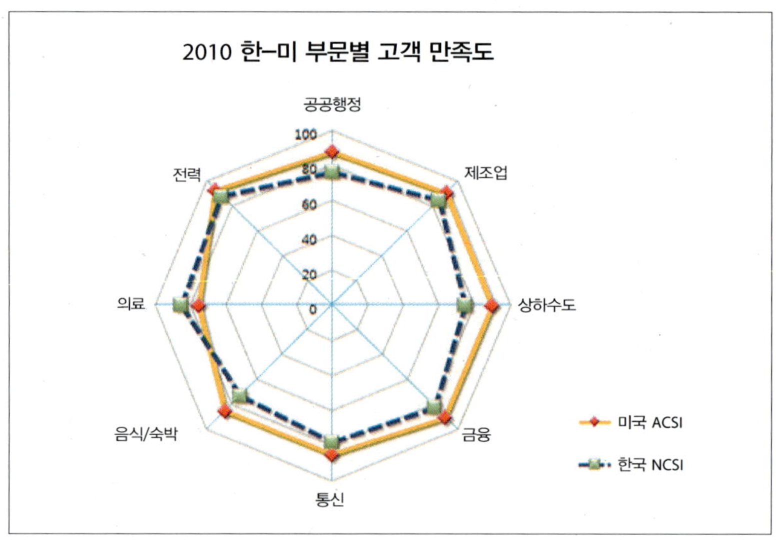

3-11 방사형 차트

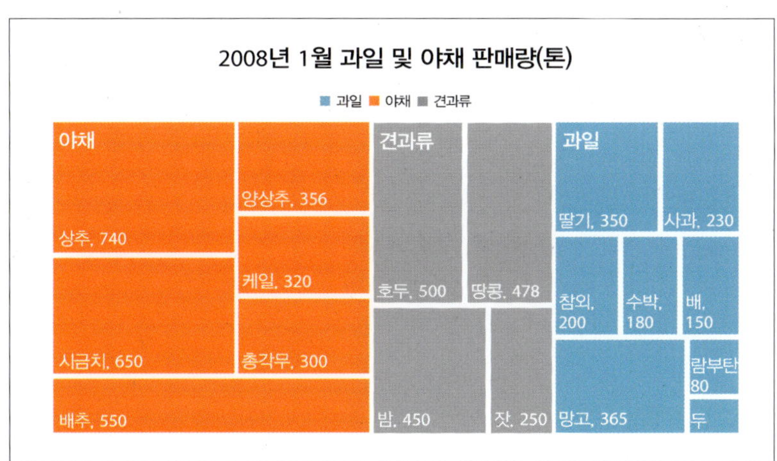

트리맵 차트

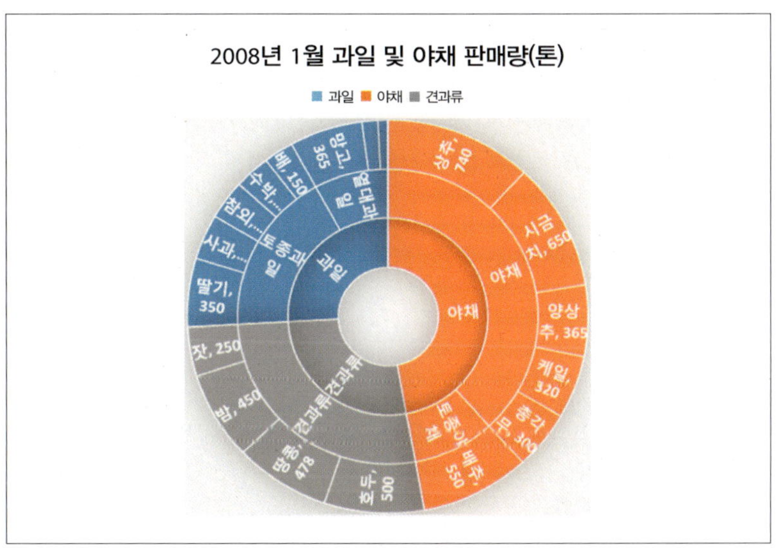

선버스트 차트

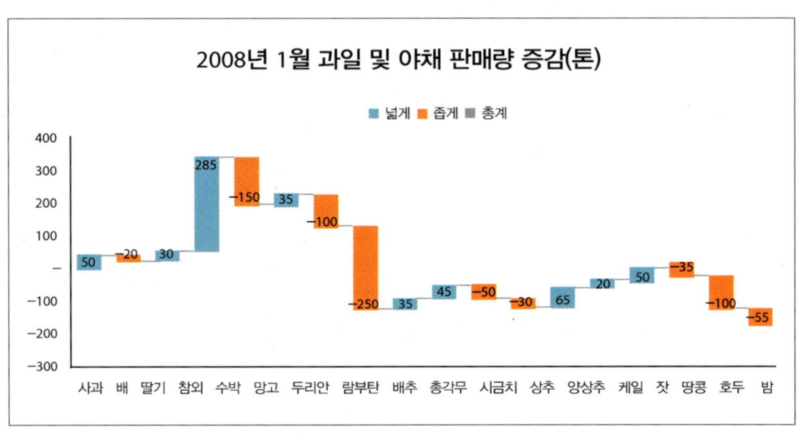

■ 인포그래픽스

인포메이션과 그래픽의 합성어로 차트나 지도, 각종 그래프, 다이어그램, 로고, 일러스트 등을 활용해서 정보를 시각화하는 방법으로 빅데이터의 시각화 기법으로 많이 활용된다.

3-12 인포그래픽스

Key Point

- 효과적인 시각화 기술은 크게 다섯 가지로 구분할 수 있다.
- 시간 시각화, 분포 시각화, 관계 시각화, 비교 시각화, 인포그래픽스 등의 시각화 기술을 통해 효과적으로 정보를 전달할 수 있다.

---

ggplot2를 이용한 시각화

ggplot2는 데이터를 이해하는 데 좋은 시각화 툴이다

빅데이터를 분석하는 데 있어 R을 기반으로 한 ggplot2라는 라이브러리가 있다. 해들리 위컴(Hodley Wickham) 교수가 개발한 툴로 직관적으로 + 연산자를 사용해서 시각화를 하는 툴로 매유 유용한 시각화를 제공해준다. 위컴 교수는 자신이 만든 ggplot2에 대해 자신 있게 말하고 있다.

"R에 있는 기본 그래픽은 그림을 그리기에 좋지만 ggplot2는 데이터를 이해하는 데 좋은 시각화 툴이다."

ggplot2는 ggmap 등 다른 라이브러리들과 연동해서 시각화에 뛰어난 기능을 제공해준다. ggplo2는 데이터를 미적으로 매핑해서 통

계적으로 변환하고, 기하객체에 적용하여 뛰어난 시각화를 보여준다. ggplot2를 설치하면 라이브러리 내에 5만 4천 개의 다이아몬드 샘플데이터가 있고, 이를 이용한 시각화 결과를 보면 매우 뛰어난 시각화를 제공하고 있음을 알 수 있다.

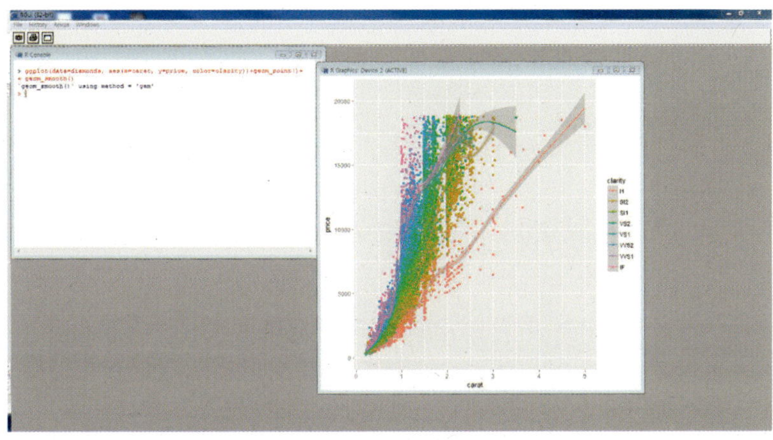

ggplot2의 5만 4천 개 다이아몬드를 이용한 시각화

Key Point

- ggplot2는 데이터를 이해하는 뛰어난 시각회 능력을 보여준다.
- ggplot2 라이브러리를 설치하면 5만 4천 개의 다이아몬드 샘플데이터가 주어지는데 이를 통해 시각화 연습을 할 수 있다.

ggmap을 이용한 시각화

구글 지도를 불러오고 지도 위에 다양한 포인팅으로 시각화한다

빅데이터를 분석하다 보면 지도 위에 포인팅을 하거나 위치를 표시(매핑)해야 하는 경우가 생길 수 있다. 이럴 때 유용하게 사용하는 것이 ggmap이라는 툴이다.

ggmap이라는 라이브러리를 이용하면, 명령어 한두 줄로 구글에서 제공하는 다양한 지도화면을 불러올 수 있다.

예를 들어,

```
>qmap('seoul', zoom=11, maptype='roadmap')
```

이 명령어 한 줄로 서울 시내의 도로망이 나와 있는 지도를 불러와서 시각화에 활용할 수 있다.

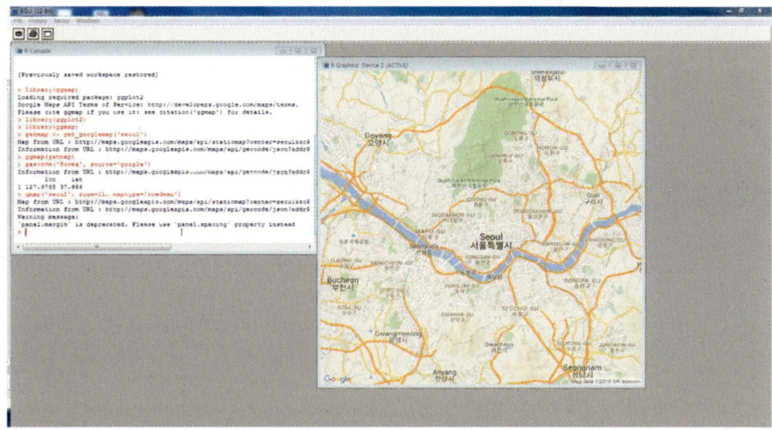

ggmap에서 불러온 서울시 로드맵

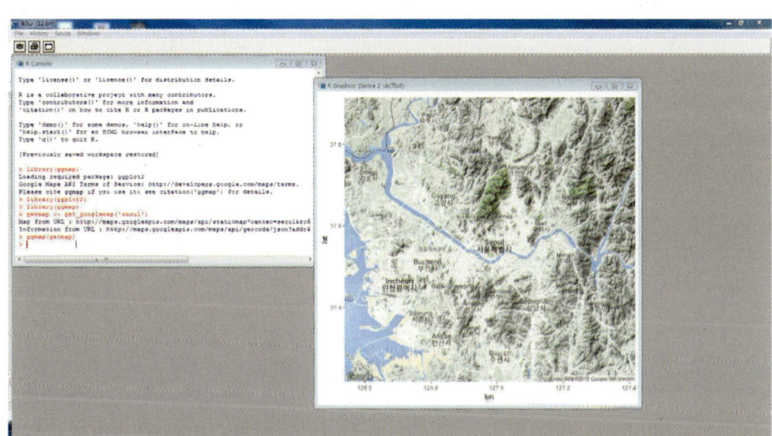

maptype를 등고선으로 지정해서 불러온 지도

또한 maptype 옵션을 등고선(Terrain), 위성사진(Satellite), 하이브리드(Hybrid) 등으로 바꿔주게 되면 다양한 형태의 지도를 가져와서 시각화에 활용할 수 있다.

```
>qmap('seoul', zoom=11, maptype='terrain')
```

이렇게 불러온 지도 위에 통신 3사의 와이파이존 지도를 만들 수 있고, 서울 시내 공립이나 사립도서관의 위치 등 다양한 매핑을 통해 시각화할 수도 있다. 즉 지도를 통해 한눈에 모든 정보를 볼 수 있는 유용한 시각화를 제공해준다.

Key Point

- ggmap을 이용하면 지도 위에 정보를 포인팅하거나 매핑을 통해 모든 정보를 한눈에 손쉽게 볼 수 있도록 해준다.
- ggmap은 ggplot2와 조합해서 사용하면 지도 위에 새로운 정보를 더해서 다양한 지리적 시각화를 할 수 있도록 해준다.

PART 4

빅데이터 분석 툴과 방법

빅데이터 분석의 목적
분석의 목적이 명확할 때 올바른 도구를 사용할 수 있다

빅데이터가 궁극적으로 가치를 갖기 위해서는 분석을 통해서 원하는 결과를 얻어야 한다. 구슬이 서 말이라도 꿰어야 보배이듯이 데이터만 저장하고 있다고 가치가 살아나는 것은 아니다.

빅데이터를 분석하는 이유는 개인이나 조직의 목적에 따라 다양하겠지만, 기본적으로 다음에 열거하는 내용에서 크게 벗어나지 않는다.

첫째, 분포를 파악하기 위한 것이다. 분포는 빅데이터 분석에 있어 가장 기본적인 것이다. 분포를 모르면 아무것도 할 수 없으며, 어떠한 패턴이나 유사성 등도 찾아낼 수 없다. 따라서 분포는 모든 빅데이터 분석의 기본임과 동시에 모든 통계의 기초라고 할 수 있다. 분포를 모르면 통계가 불가능하기 때문이다.

둘째, 신뢰성과 타당성을 판단하기 위한 것이다. 빅데이터를 통해 나타난 현상들이 과연 신뢰성이 있는 것인지, 또한 어떤 요소들을 제거하고 봐야 하는지, 개념적으로 우리가 알고 있었던 것이 타당한지 등을 파악하기 위해서다.

셋째, 집단들 간에 차이가 있는지와 그 차이가 타당한 차이인지를 검증하고자 할 때 사용한다. 다시 말해 특정 집단 간에 차이가 어디에서 발생하며, 이러한 차이는 신뢰할 만한 차이인지를 밝히려고 할 때이다.

넷째, 상호 연관성을 파악하기 위해서 빅데이터를 분석한다. 특정 데이터와 데이터 사이에 어떠한 상호작용 관계가 있는지를 파악하기 위해서이다.

다섯째, 원인과 결과 간의 관계를 분석하고자 할 때 빅데이터를 분석한다. 인과관계를 통해 문제의 원인을 찾아 개선하고자 할 때 인과관계를 분석을 실시한다.

여섯째, 판별성을 판단하기 위해서 분석한다. 집단과 집단 사이에 유사성이 있는지를 판별하기 위해서 분석을 실시한다.

일곱째, 대상들의 유사성에 따라 집단화하기 위해서 분석을 실시한다. 집단화를 위한 분석방법은 개체를 대상으로 하는 분석과 속성을 대상으로 하는 것 등이 있다.

여덟째, 시각직 공간화를 통해 대상들 간의 관계를 파악하기 위해 분석한다. 다양한 대상들 간 거리를 파악해 공간상에 위치함으로써 손쉽게 대상들 간 거리와 관계를 파악할 수 있도록 해준다.

Key Point

- 구슬이 서 말이라도 꿰어야 보배이듯 빅데이터는 분석을 통해서 비로소 그 가치가 되살아난다.
- 빅데이터를 분석하는 이유는 개인이나 조직의 목적에 따라 다양하겠지만 대체로 여덟 가지 분석 목적을 가진다.

빅데이터 분석에 유용한 분석도구들

빅데이터 분석도구 중 가장 많이 활용되는 툴은 R이다

빅데이터를 분석하는 툴은 매우 다양하게 나와 있다. 우리가 자주 쓰는 엑셀 역시 빅데이터 분석도구로 전 세계인들이 즐겨 사용하는 도구다. 빅데이터 분석도구로 가장 많이 활용되는 도구는 뉴질랜드 오클랜드대학교의 로버트 젠틀맨(Robert Gentleman)과 로스 이하카(Ross Ihaka)가 개발한 R 프로그래밍 언어(줄여서 R이라 칭함)다. R은 오픈소스로 제공되는 프로그램으로 많은 이들이 개발에 함께 참여하고 있다. R은 그 자체로서 분석기능을 가지고 있지만, 전 세계의 많은 개발자들이 R을 기반으로 한 개별적인 분석도구들을 개발하여 라이브러리 형태로 무료로 배포하는데 그 가짓수가 약 1만 개에 달하는 것으로 알려져 있다. 또한 R을 편리하게 사용할 수 있는 유틸리티로 R Studio라는 프로그램이 있다.

· R(43%)과 파이썬(40%)이 엑셀(36%)보다 많이
  쓰임
· 사용할 수 있는 도구가 많을수록 연봉이 상승
· 오픈소스 도구를 쓰는 그룹이 상용 도구를 쓰는
  그룹보다 연봉이 높음($130k vs. 90k)

4–1 '2013 Data Science Salary Survey'에 소개된
   빅데이터 분석도구 사용률

그다음으로 많이 사용되는 도구가 네덜란드의 프로그래머인 귀도 반 로섬(Guido van Rossum)이 발표한 파이썬(Python)이다. 파이썬은 개발자인 로섬이 좋아하는 코미디 프로그램 'Monty Python's Flying Circus'에서 따온 것이다. 세 번째로 많이 사용되는 도구는 엑셀인 것으로 나타났다.

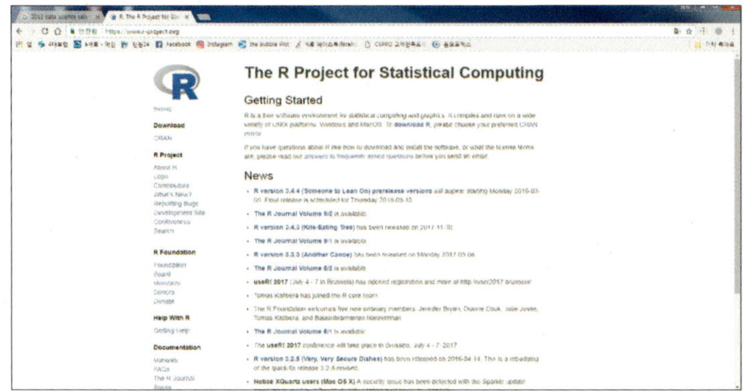

R 재단의 홈페이지

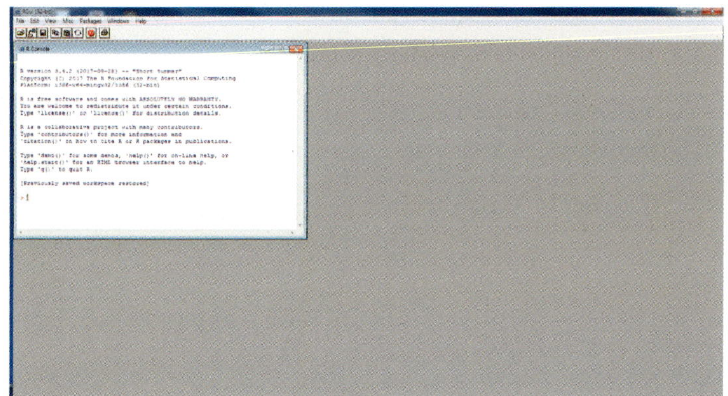

R 프로그램 실행화면

R Studio는 R 프로그램을 보다 편리하게 사용할 수 있도록 4개의 패널창을 지원한다.

R Studio의 4개 패널 구성

좌측 위의 패널은 소스 편집기와 데이터 뷰어 창으로 프로그램을 한꺼번에 작성해서, 일시에 수행할 수 있도록 편리한 기능을 제공해준다. 좌측 하단의 패널은 R 프로그램의 콘솔과 동일하며, 순차적으로 한 줄 한줄 직접 작업을 할 경우에 활용할 수 있다. 우측 상단의 패널은 작업공간 브라우저와 그동안 작업한 명령 이력을 볼 수 있는 창이다. 우측 하단의 창은 윈도우의 탐색기와 같은 창이며, 분석결과를 보여주는 패널이다. 또한 시스템에 설치된 R과 관련된 각종 라이브러리(패키지)를 보여주며, 시각화 결과를 보여줘 그림 파일 등으로 활용할 수 있는 기능을 제공해준다.

기타 데이터 분석용 전용 소프트웨어로는 전통적으로 SPSS, SAS, Minitab 등이 있다. SPSS는 사회과학 분야에서 많이 사용되며, SAS는 자연과학 분야에서 즐겨 사용된다. Minitab은 6시그마 혁신을 위한 통계적 품질관리 툴로 유명한데 최근에는 버블 차트 등 다양한 분석 툴을 추가하면서 빅데이터 분석에 많이 사용된다. 그 외에 구조방정식을 분석하기 위한 AMOS나 LISREL 등도 많이 사용된다.

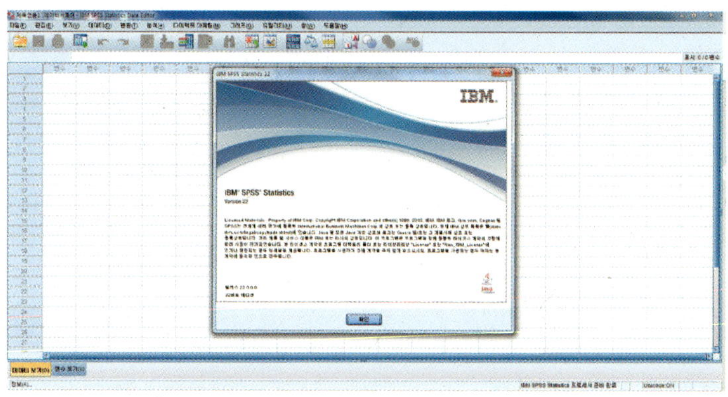

빅데이터 전문통계 분석도구 SPSS

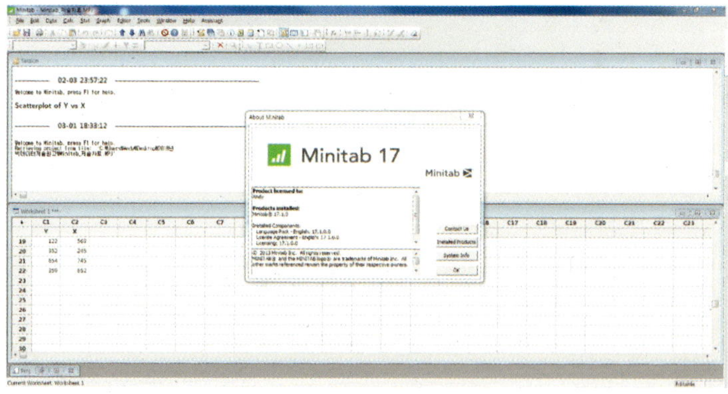

6시그마 혁신도구로 유명한 미니탭

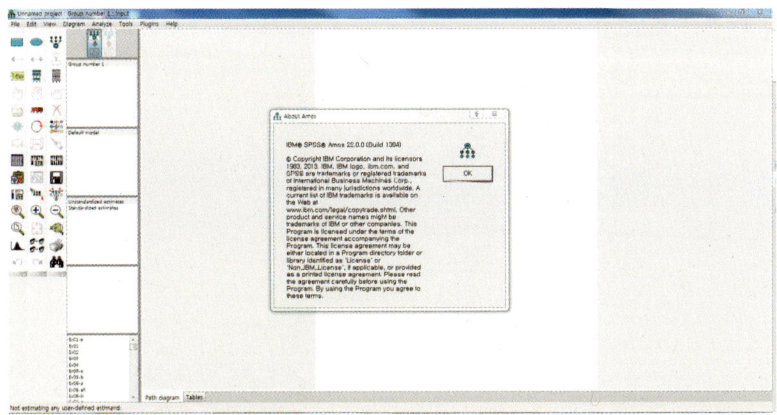

공분산구조방정식을 분석하는 Amos

그뿐만 아니라 사회연결망을 분석하는 도구로 UCINET, 엑셀과 연동되는 NodeXL이라는 툴도 많이 사용된다. 그 외에도 빅데이터 시각화를 위한 도구로 Gephi 등 다양한 툴이 있어 빅데이터 분석에 유용하게 활용된다.

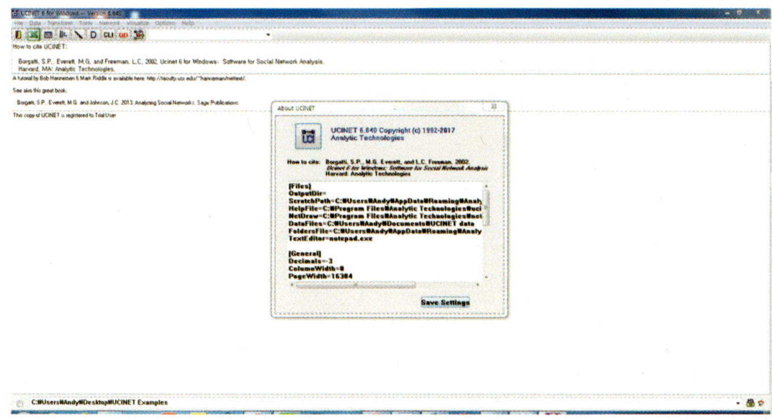

UCI6 실행화면

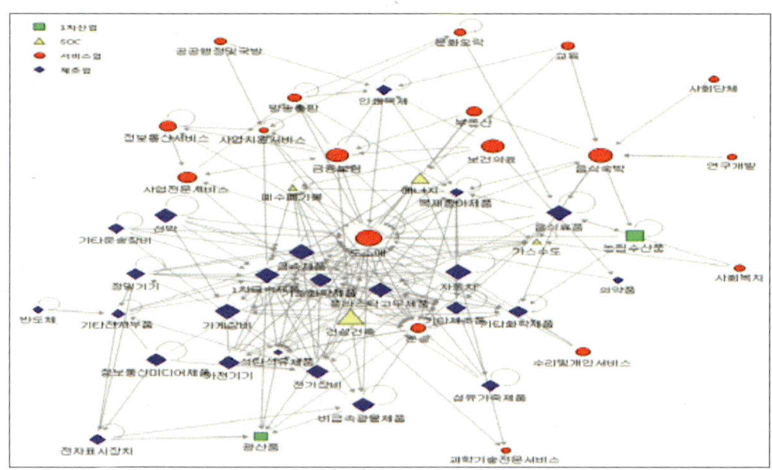

4-2 UCI6를 이용한 네트워크분석 결과

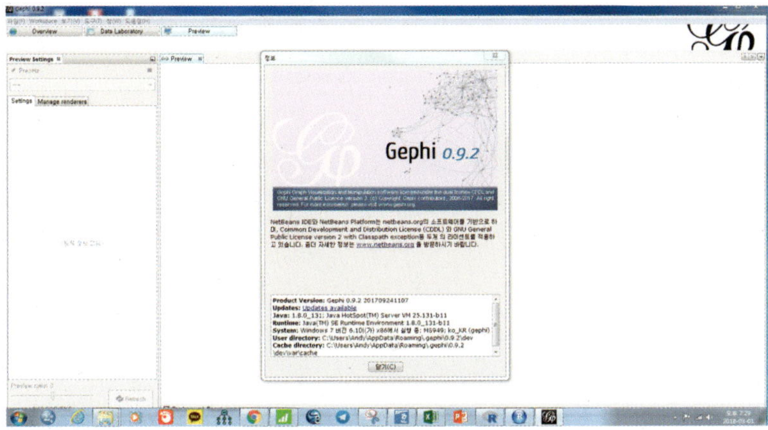

Gephi 실행화면

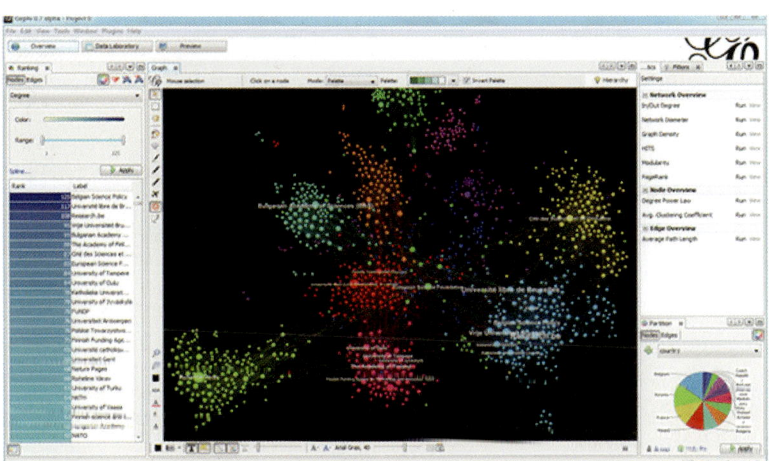

4-3 Gephi를 이용한 분석결과

빅데이터를 정복하는 도구, R

R은 분석을 위한 도구면서 다양한 라이브러리를 쓸 수 있는 플랫폼이다

빅데이터 분석도구로 가장 많이 사용되는 R 프로그램은 그 자체가 분석도구이자 플랫폼의 성격을 가지고 있다. R 자체만으로도 훌륭한 분석과 그래프 기능을 제공하지만, R의 또 다른 장점은 1만여 개에 이르는 다양한 분석도구를 덧붙여서 사용할 수 있다는 것이다. 동일한 분석 목적에 대해 개발자가 다른 다양한 패키지(R에서는 이를 라이브러리라 부름)가 존재하기 때문에 본인의 선택에 따라 자유롭게 사용할 수 있다.

무료로 제공되는 오픈소스 프로그램인 R은 이를 기반으로 사용자가 직접 라이브러리를 만들어 올리고, 전 세계 누구나 손쉽게 나운 받아서 사용할 수 있기 때문에 많은 이들로부터 호평을 받고 있다.

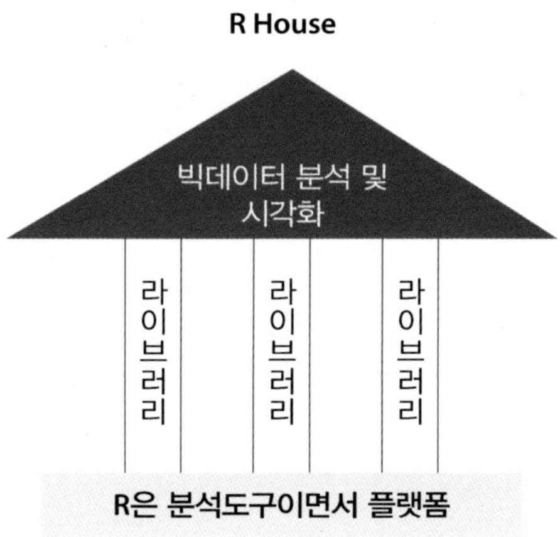

R은 기본적으로 다음과 같은 특징을 가진다.[8]

첫째, 오픈소스 기반의 무료 소프트웨어이다.

둘째, 다양한 종류의 정형·비정형 데이터를 이용할 수 있는 포괄적인 통계 플랫폼이다.

셋째, 멀티운영 환경을 지원한다.

넷째, 시각화 기능을 지원한다.

다섯째, 작업의 재현성을 제공한다.

여섯째, 전 세계적 커뮤니티 생태계를 형성하고 있다.

8　한국소프트웨어기술인협회 빅데이터전략연구소(2017), 앞의 책, p.100.

R 프로그램은 전 세계적인 커뮤니티 덕분에 최신 통계기법의 개발·적용 속도가 매우 빠르다. 그러나 윈도우나 iOS 운영체제에 익숙한 풀 다운 메뉴가 아니라 함수를 외워서 사용해야 하므로 사용에 약간의 불편함이 있다. 다만 다양한 통계 도구를 제공해주는 편리함이 있어, 사용 시 불편함이 있을지라도 분석력의 장점이 많아 매력적이라고 할 수 있다.

Key Point

- 빅데이터 분석도구인 R은 다양한 패키지를 덧붙여서 고난도의 빅데이터 분석을 수행할 수 있는 플랫폼이다.
- R은 오픈소스 기반의 프로그램으로 최신 통계기법의 적용이 빠르며, 1만여 개에 달하는 다양한 통계분석 패키지(라이브러리)를 제공하기 때문에 거의 모든 분석이 가능하다.
- R은 분석함수를 외워서 사용해야 한다는 불편함이 있으나 빅데이터 분석력의 장점이 크기 때문에 불편함이 큰 장애가 되지는 않는다.

빅데이터 분포를 파악

빅데이터에서 분포를 파악하는 것은 가장 기본적인 것이다

빅데이터를 다룰 때 가장 기본적으로 알아야 할 것들이 무엇일까? 그것은 분포(Distribution)다. 왜냐하면 분포를 모르면 아예 통계가 불가능하기 때문이다.

빅데이터의 분포를 파악하기 위한 가장 기본적인 분석기법이 빈도분석이다. 빈도분석은 모든 분석에서 가장 기본적이면서, 매우 중요한 개념이다. 빈도분석은 빅데이터와 관련된 세 가지 유형의 분포에 관한 정보를 제공해준다. 빅데이터들의 위치(Location)에 관한 분포 정보(통계량), 변동성(Variance)에 관한 분포 정보 그리고 형태(Shape)에 관한 분포 정보를 갖고 있다.[9]

9　최천규, 『마케팅조사–SPSS 활용편』, 한올출판사, 2010, p.247.

빅데이터 분포의 세 가지 차원

위치 (Location)	변동성 (Variability)	형태 (Shape)
– 평균 – 최빈값 – 중위수/중앙값	– 범위 – 4분위수 – 분산과 표준편차 – 변동계수	– 왜도(歪度, Skewness) – 첨도(尖度, Kurtosis)

■ 위치와 관련된 분포 정보

위치와 관련된 분포 정보는 우리가 잘 알고 있는 평균, 최빈값, 중위수 혹은 중앙값이 여기에 해당한다. 빅데이터의 위치를 측정하는 것은 일반적으로 소비자나 고객들이 어떤 특정한 방향으로 집중하는 경향이 있기 때문이다. 따라서 이를 파악하기 위해 빅데이터에서 분포 파악 시 가장 기본적으로 위치를 측정하는 것이다.

평균은 빅데이터의 분포가 중앙으로 집중화 경향을 얼마나 보여주는가를 설명하며, 대부분의 값들은 평균의 주변에 분포하게 된다. 최빈값은 빈도가 가장 많은 관찰값을 말하며, 중위수 혹은 중앙값은 자료를 크기순으로 나열했을 때 가장 중앙에 오는 값을 말한다.

■ 변동성과 관련된 분포 정보

변동성은 빅데이터의 산포, 즉 흩어진 정도가 어떤지를 나타내는 통계량들이다. 대표적으로 범위, 4분위수, 분산과 표준편차 그리고 변동계수를 말한다.

범위는 빅데이터가 흩어진 정도를 알고자 하는 것으로 가장 큰 값과 가장 작은 값 사이를 범위라고 한다.

4분위수는 자료 분포를 같은 크기로 4등분하는 것을 말하며, 각 부분에 25%의 자료가 포함된다. 분산과 표준편차는 빅데이터 분석에서 평균 등과 같이 가장 많이 활용되는 통계량이다.

분산은 관찰값과 평균의 차이를 제곱하여 합계를 구한 후 이를 전체 데이터의 사례 수로 나누어 얻은 값이다. 이렇게 해서 산출된 분산 값에 제곱근을 취하면 표준편차가 된다.

변동계수는 표준편차의 비율을 평균의 퍼센트로 나타낸 통계량이다.

■ 형태와 관련된 분포 정보

형태와 관련된 분포 정보는 빅데이터의 분포 형태가 정규분포 형태를 가지는지, 어느 한쪽으로 치우쳐 있는지, 혹은 분포가 평균을 중심으로 조밀하게 분포되었는지 등의 여부를 알려주는 정보들로 구성되어 있다. 대표적인 통계량으로 왜도와 첨도가 있다.

왜도는 빅데이터의 분포가 정규분포에 비해 어느 정도로 왜곡되어 분포되어 있는지를 알려주는 분포 정보이다. 즉 빅데이터의 분포가 평균을 중심으로 왼쪽으로 치우쳐 있는지, 혹은 오른쪽으로 치우쳐 있는지를 판단하는 정보이다. 왜도가 +로 나타나 있는 경우는 데이터의 대부분이 왼쪽에 위치해 있으나 큰 값들이 오른쪽에 분포되어 있는 경우다. 왜도가 -의 값을 갖는 경우는 이와는 반대의 경우다. 만약에 왜도가 0이라고 한다면 좌우대칭형의 형태로 빅데이터가 분포되어 있게 된다.

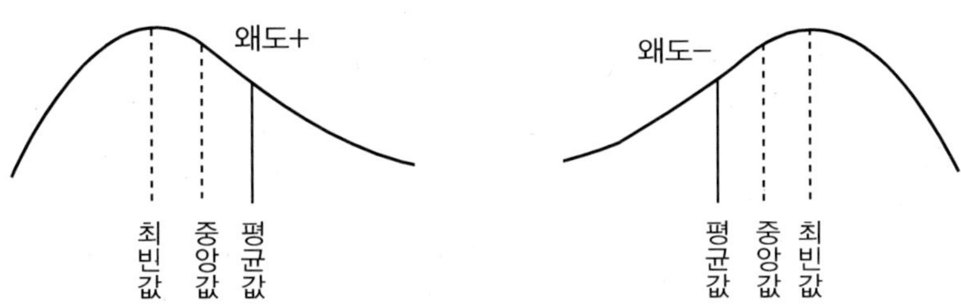

왜도가 +와 -인 경우 분포 형태

첨도는 빅데이터의 분포가 정규분포에 비해 얼마나 뾰족한 형태로 분포되어 있는지를 파악할 수 있는 정보이다. 첨도가 +값을 가진다면, 평균을 중심으로 데이터들이 매우 조밀하게 분포되어 있음을 뜻한다. 만약 첨도가 -의 값을 가지다면, 데이터의 분포형태가 평균을 중심으로 넓게 분포되어 편평한 형태의 그래프로 나타난다. 또한 첨도가 0의 값을 가지면 정규분포와 같은 형태를 보여준다.

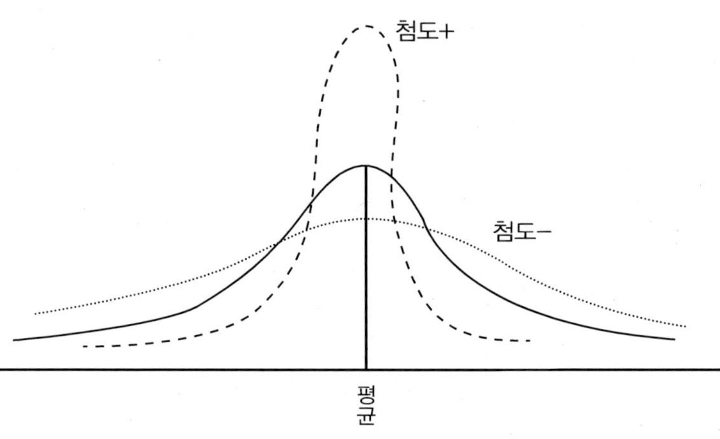

Key Point

- 빅데이터의 분포를 파악하기 위한 분포 정보는 세 가지 차원(위치, 변동성, 형태)으로 구성되어 있다.
- 위치 정보는 평균, 최빈값, 중앙값을 통해 알 수 있으며, 변동성은 데이터의 산포를 알기 위한 정보로 범위, 4분위수, 분산과 표준편차, 변동계수 등으로 알 수 있다. 형태를 파악하기 위한 정보는 왜도와 첨도를 통해 알 수 있다.

신뢰성과 타당성의 확보

신뢰성과 타당성은 빅데이터 분석의 정확성을 보증한다

빅데이터 분석을 실시하는 두 번째 목적은 수집된 데이터들의 신뢰성과 타당성을 확인하는 것이다. 아무리 좋은 분석기법과 최고의 전문가가 분석작업에 참여하더라도 데이터의 신뢰성과 타당성이 확보되지 않았다면 그 결과의 품질 역시 기대하기 힘들 것이다.

신뢰성이란 측정결과의 내적 일관성을 의미한다. 즉 동일한 대상을 측정했을 때 결과의 값이 큰 변화 없이 동일한 결과가 나오는 정도를 의미한다. 예를 들어, 동일한 대상을, 동일한 잣대로, 100번 반복하여 측정했을 때 동일한 결과가 95번 나온다면 이때의 신뢰성을 95% 신뢰성이라고 한다. 그 외에 반복측정 신뢰성과 대안항목 신뢰성이 있다.

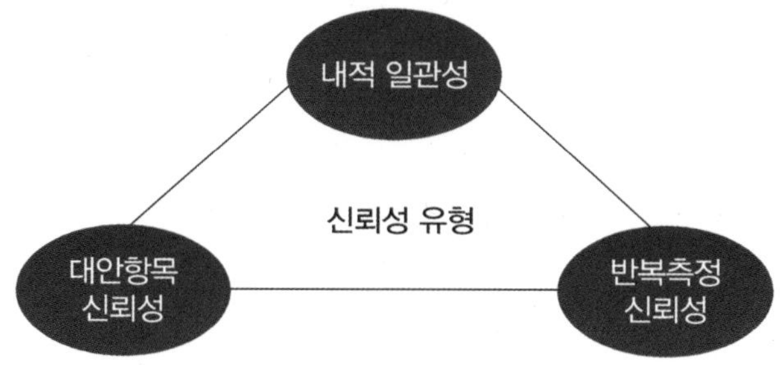

항목들의 일관성 혹은 동질성 분석
내적 일관성
신뢰성 유형
대안항목
신뢰성
반복측정
신뢰성
두 번째 측정 시 유사항목으로 측정/비교
반복측정하여 측정값 간 상관성 평가

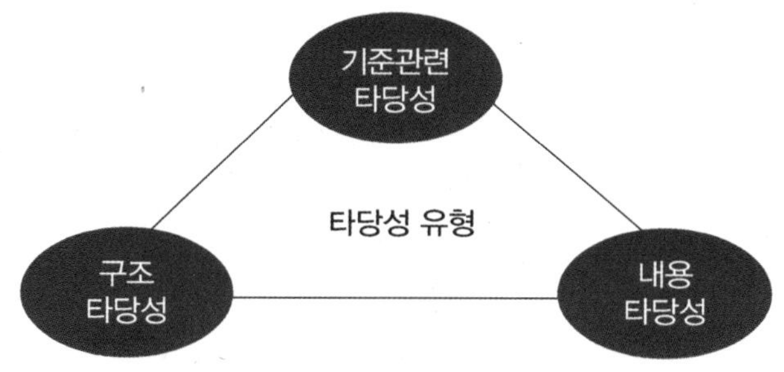

측정 대상 간 상관성을 평가
기준관련
타당성
타당성 유형
구조
타당성
내용
타당성
측정 척도와 구조 간 적합성 판단
측정 내용의 적합성이 높은지 여부

반면에 타당성이란 어떤 대상에 대하여, 어떤 잣대를 들이대어 측정했을 때 측정 잣대가 타당한가의 문제를 다룬다. 예를 들어, 허리둘레를 재는데 줄자로 쟀을 때와 30센티미터의 자로 쟀을 때, 어떤 결과가 타당한가를 생각해보면 타당성의 개념을 쉽게 이해할 수 있을 것이다. 타당성은 기준관련 타당성, 내용 타당성 그리고 구조 타당성으로 분류한다.

측정 혹은 수집된 빅데이터의 신뢰성은 신뢰성 분석의 신뢰도 계수(크론바하 알파)를 통해 검증할 수 있다. 타당성 분석은 탐색적 요인분석과 확증 요인분석을 통해 확인할 수 있다.

신뢰성 분석과 타당성 분석은 분석 및 예측모형을 만들 때 주로 활용한다.

Key Point

- 신뢰성은 특정 대상을 반복 측정했을 때 동일한 결과를 얻을 확률을 말하며, 타당성이란 측정 잣대의 타당성 여부를 판단하는 개념이다.
- 95% 신뢰수준이란 어떤 대상에 대하여 동일한 잣대로 100번 반복 측정했을 때 95번의 동일한 결과가 나올 확률을 말한다.

집단 간 차이 파악

빅데이터를 통해 집단 간 차이를 파악해 통찰력을 얻을 수 있다

빅데이터를 분석하다 보면, 집단 간 혹은 지역 간 특성들의 차이를 통해 어떤 시사점이나 통찰력을 얻고자 하는 경우가 많다. 집단 간, 지역 간, 계층 간 차이를 안다는 것은 그 차이를 지속화시킬 것인지, 그 차이를 메꾸어 차이가 없도록 할 것인지를 결정하는 데 매우 중요한 통찰력을 제공해준다. 그러한 통찰력은 분석하는 목적이나 분석 주체에 따라 다를 수 있다.

예를 들어, 정치인의 경우에 지역 간 지지도의 차이가 심하다면 당연히 이를 해소하고자 할 것이다. 반대로 기업의 마케팅 관리자의 경우 지역 간 경쟁구조에 차이가 있다면 이를 고착화해서 보다 더 큰 경쟁우위를 얻고자 할 것이다. 따라서 빅데이터를 활용해 차이를 분석하는 것은 목적이나 상황에 따라 다른 통찰력을 얻기 위함이다.

차이를 파악할 때 집단의 수에 따라 다른 분석방법을 사용한다. 집단이 2개라고 한다면 't 테스트' 혹은 't 검증'이라고 하는 분석기법을 활용한다. 반면에 집단이 3개 이상인 경우에는 분산분석 혹은 ANOVA 분석을 실시해 집단 간 차이를 검증해서 시사점을 얻거나 통찰력을 얻는다.

t 검증 혹은 t 테스트

2개 집단 간 차이

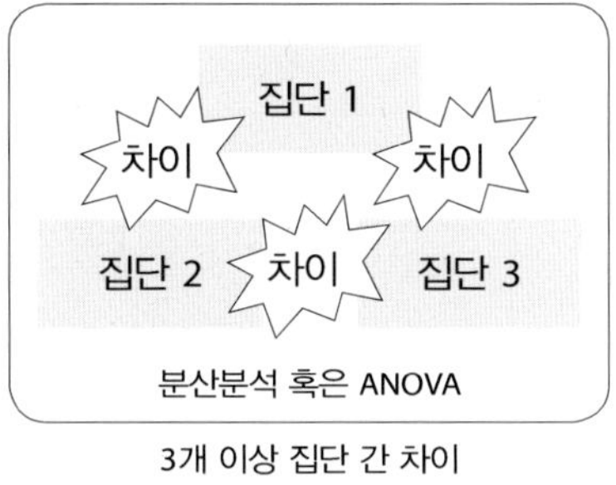

분산분석 혹은 ANOVA

3개 이상 집단 간 차이

집단 간 차이를 파악하는 데 있어 t 검증이나 분산분석은 데이터의 유형이 집단의 경우에는 명목척도로, 그리고 다루고자 하는 차이 변수는 등간 혹은 비율척도로 측정된 경우에 사용할 수 있다.

만약 수집된 빅데이터가 명목척도로 측정된 경우에는 t 검증이나 분산분석을 사용하지 않고, 카이스퀘어(χ^2) 검증기법을 활용하여 기대빈도와 실제 관측빈도와의 차이를 분석하여 통찰력을 얻게 된다. 예를 들어, 100원짜리 동전을 10번 던졌을 때 나올 수 있는 앞면과 뒷면의 기대확률은 각각 5:5일 것이다. 실제 동전을 10번 던지는 실험을 했을 때 기대빈도와 똑같이 관측빈도도 5:5로 나왔는지 검증하는 것이 카이 스퀘어 검증이라고 생각하면 이해가 쉬울 것이다.

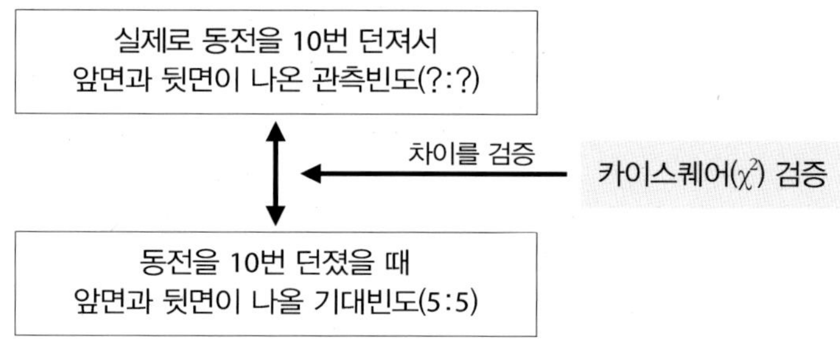

Key Point

- 빅데이터를 이용해 집단 간 차이를 파악함으로써 차이가 주는 다양한 시사점이나 통찰력을 얻어 전략적 방향을 결정하는 데 활용할 수 있다.
- 집단 간 차이를 분석할 때 집단의 수에 따라 다른 기법을 사용한다.
- 2개의 집단이라면 t 검증 혹은 t 테스트라는 분석기법을 사용하며, 3개 이상의 집단이라면 분산분석 혹은 ANOVA라는 분석기법을 사용한다.

상호 연관성 파악

상호 연관성의 강도를 파악하라

빅데이터 분석에서 또 하나 중요한 것은 데이터와 데이터 간 상호 연관성을 파악하는 것이다. 상호 연관성이 강할 경우 어떤 특정 변수 혹은 데이터를 조정하면 그와 관련된 변수도 변화하기 때문이다. 반면에 상호 연관성이 약하다면 관련성이 없는 변수를 아무리 조정해봐야 원하는 효과를 거둘 수 없게 된다.

이같이 상호 연관성을 파악하는 방법을 상관관계분석이라고 한다. 빅데이터 분석에서 회귀분석 등과 같이 많이 사용되는 분석기법이다.

상관관계분석에서는 상호 관련성의 강도를 피어슨의 상관계수로 판단한다. 피어슨의 상관계수는 칼 피어슨(Karl Pearson)에 의해 최초로 제시되었으며, 변수 X와 또 다른 변수 Y 사이에 존재하는 상호 관련성이 간접적인 선형관계인지, 혹은 직접적인 선형관계인지를 평가하는

계수다.[10]

　피어슨의 상관계수는 완전 상관일 경우 1.0이며, 이는 변수 X가 1 만큼 변화할 때 변수 Y 역시 1만큼 변화하는 기울기를 의미한다. 상관계수가 −1의 값을 갖는 경우는 반비례하는 형태로 음의 완전 상관성을 갖는다고 해석한다.

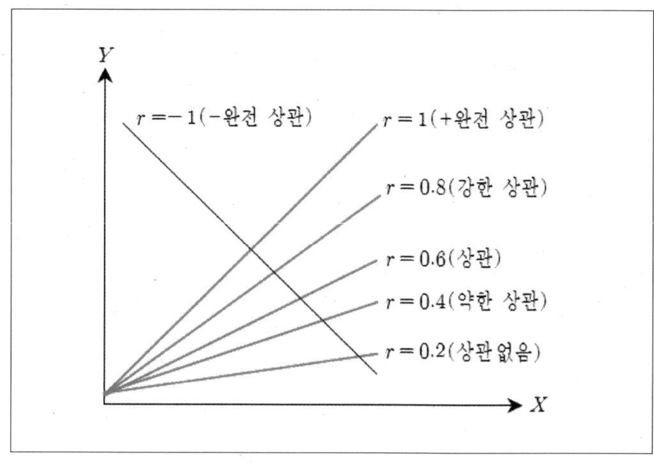

상관계수의 유형

　통상적으로 피어슨의 계수가 0.8 이상이면 강한 상관관계가 있다고 평가한다. 0.6이면 어느 정도 상관성이 있다고 평가하며, 0.4이면 상

___

10　최천규(2010), 앞의 책, pp.363~364.

관성이 적은 것으로 판단한다. 그 이하이면 상관성이 없는 것으로 본다.

예를 들어, 개인별로 1일 마시는 특정 음료의 소비패턴이 신경과민에 어느 정도 상관성이 있는지를 분석한 다음 결과를 보면, 피어슨의 상관계수가 0.913으로 매우 강한 상관성이 있음을 알 수 있다. 이러한 관계를 그래프로 표현하면 상호 연관성이 매우 강하다는 사실을 한눈에 파악할 수 있다.

Correlation : 1일C소비량, 신경과민

Pearson correlation of 1일C소비량 and 신경과민=0.913

P-Value=0.000

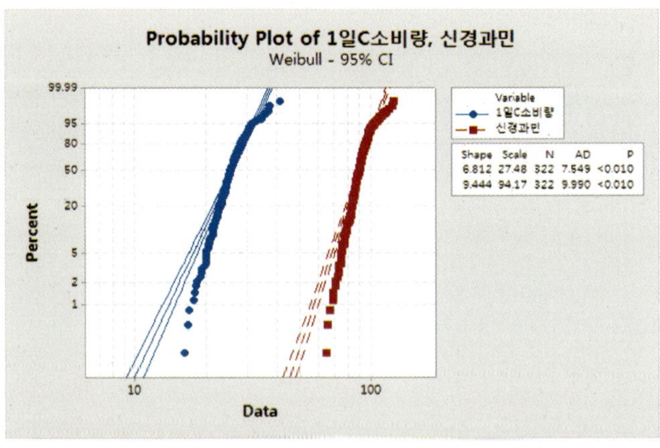

피어슨의 상관계수와 선형관계 분석결과

원인과 결과관계 파악

어떤 현상의 원인과 결과관계를 파악하는 것은 문제해결의 열쇠다

빅데이터를 분석하는 다양한 목적 가운데, 특히 중요한 것은 어떤 현상이 나타났을 때 그 원인을 파악하여 사전에 방지하거나 대책을 마련하고자 하는 것이다. 현재 나타난 현상의 원인을 알거나 예측할 수 있다면 인명피해를 막을 수 있을 것이며, 경쟁시장에서 시장점유율을 빼앗기지 않아도 될 것이다. 소비자들이 자사의 상품이나 서비스를 외면하고, 타사 상품이나 서비스를 선택하는 이유를 알 수 있다면, 지속적인 매출하락과 수익성 악화를 막을 수 있을 것이다.

우리는 종종 과거의 데이터로부터 패턴이나 트렌드를 읽어서 현상의 원인이 무엇인지를 밝히고자 한다. 이때 활용되는 빅데이터 분석 기법이 회귀분석이다.

회귀분석은 단순회귀분석과 다중회귀분석으로 구분된다. 단순회

귀분석은 원인을 나타내는 독립변수와 결과를 나타내는 종속변수가 각각 1개씩만 있는 경우이다. 다중회귀분석은 원인변수인 독립변수가 2개 이상이고, 결과변수인 종속변수가 1개인 경우를 의미한다. 회귀분석은 상관분석과 유사한 특성을 가지는데, 다른 점을 비교하면 다음의 다이어그램과 같다. 간단히 말해, 상관분석은 상호 관련성을 보는 것이고, 회귀분석은 인과성을 보는 것이다.

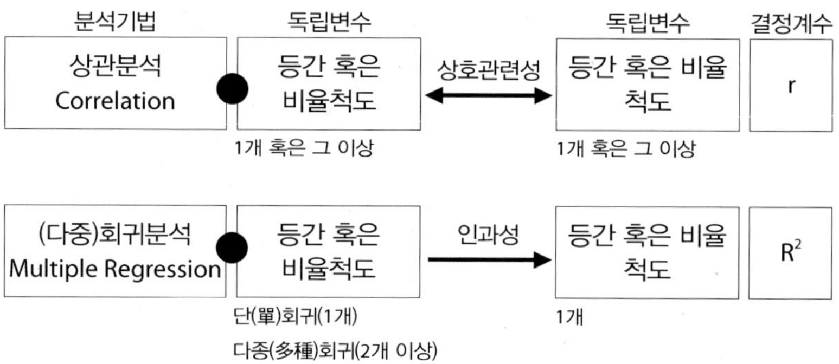

상관분석에서는 피어슨의 상관계수인 r값으로 상관성을 평가하며, 회귀분석에서는 R제곱값으로 회귀추정식의 결정력을 판단한다. 즉 R제곱값은 원인변수들이 결과변수를 얼마나 잘 설명하는지를 결정하는 계수이다. 따라서 R제곱값이 높을수록 원인변수들이 결과변수를 잘

설명한다고 할 수 있다.

단순회귀분석의 추정회귀식은 다음과 같이 표현된다.

$$Y = \beta_0 + \beta_1 X$$

여기에서 Y = 종속변수 혹은 판단변수

X = 독립변수 혹은 예측변수

β_0 = 상수

β_1 = 선의 기울기

다중회귀식은 결과변수인 원인변수가 2개 이상으로 구성되기 때문에 다음과 같은 추정회귀식으로 표현된다.

$$Y = \beta_0 + \beta_1 X_1 + \beta_2 X_2 + \beta_3 X_3 + \cdots + \beta_K X_K + e$$

상호 관련성을 분석하는 상관관계분석에서 활용했던 사례를 활용해 단순회귀분석을 실시해보았다.

1일C소비량이 신경과민에 미치는 인과성을 분석한 결과, R제곱값이 64.11%로 나타났다. 이는 1일C소비량이 신경과민을 일으킨 것을 64.11%로 설명하고 있다는 의미다. 또한 이러한 원인과 결과 간의 관계를 나타내는 단순회귀식을 다음과 같이 완성할 수 있다.

Regression Analysis: 신경과민 versus 1일C소비량

Analysis of Variance

Source	DF	Adj SS	Adj MS	F-Value	P-Value
Regression	1	15950	15949.9	571.51	0.000
1일C소비량	1	15950	15949.9	571.51	0.000
Error	320	8931	27.9		
Lack-of-Fit	117	3929	33.6	1.36	0.027
Pure Error	203	5002	24.6		
Total	321	24881			

Model Summary

S	R-sq	R-sq(adj)	R-sq(pred)
5.28286	64.11%	63.99%	63.46%

Coefficients

Term	Coef	SE Coef	T-Value	P-Value	VIF
Constant	40.04	2.12	18.93	0.000	
1일C소비량	1.9347	0.0809	23.91	0.000	1.00

Regression Equation

신경과민 = 40.04 + 1.9347 1일C소비량

Fits and Diagnostics for Unusual Observations

Obs	신경과민	Fit	Resid	Std Resid		
6	83.000	95.367	-12.367	-2.35	R	
9	71.000	81.825	-10.825	-2.06	R	
26	80.000	106.976	-26.976	-5.16	R	X
36	110.000	106.976	3.024	0.58		X
40	73.000	83.953	-10.953	-2.08	R	
53	120.000	120.132	-0.132	-0.03		X
59	92.500	80.664	11.836	2.25	R	
76	71.000	71.377	-0.377	-0.07		X
92	126.000	112.586	13.414	2.58	R	X
94	110.000	112.006	-2.006	-0.39		X
104	104.000	108.136	-4.136	-0.79		X
106	96.000	83.566	12.434	2.36	R	
121	86.000	72.925	13.075	2.50	R	X
124	105.700	93.239	12.461	2.36	R	
163	82.000	93.820	-11.820	-2.24	R	
172	80.000	90.724	-10.724	-2.03	R	
199	93.000	82.211	10.789	2.05	R	
204	113.000	110.071	2.929	0.56		X
219	109.000	107.556	1.444	0.28		X

단순회귀분석 결과 도출된 통계량

$$신경과민 = 40.04 + (1.9347 \times 1일C소비량)$$

이를 다시 수식으로 정리하면 다음과 같다.

$$Y = 40.04 + 1.9347X$$

이러한 선형의 관계를 그래프로 시각화하면 다음과 같다.

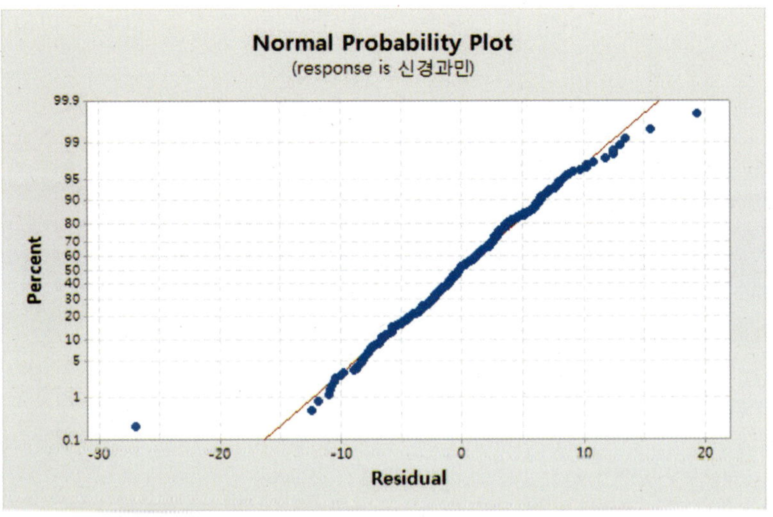

1일C소비량이 신경과민에 미치는 영향관계

결과적으로 1일C소비량이 많으면 많을수록 신경과민에 걸릴 확률이 높아지며, 이러한 인과성의 설명력이 64.11%로 높다는 것을 알 수 있다.

다른 예로, 직원들의 직무성적에 영향을 주는 원인변수들을 찾아 내기 위해 다중회귀분석을 통해 분석해보았다. 원인변수로는 분석스

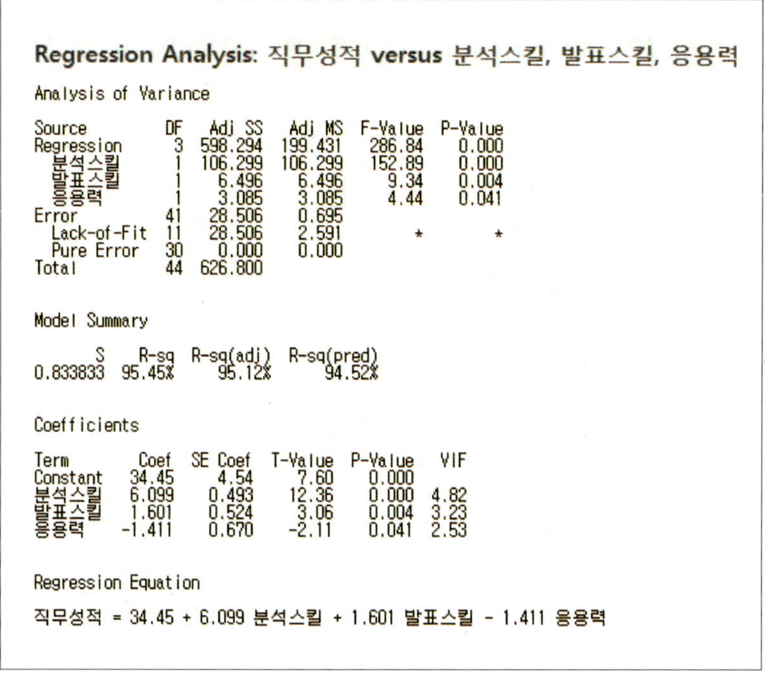

다중회귀분석 결과 도출된 통계량

킬, 발표스킬 그리고 응용력을 사용하였고, 결과변수로는 직무성적을 투입하였다. 분석결과는 다음 표와 같이 산출되었다.

직원들의 직무성적을 설명하는 다중회귀식은 표의 하단에 산출되어 있다. 직무성적에 가장 크게 영향을 미치는 속성은 분석스킬로 기울기가 6.099로 나타났으며, 그다음으로 발표스킬이 영향을 미치는 것으로 나타났다. 응용력은 직무성적에 마이너스로 나타났다. 이러한 다중회귀식이 직원들의 직무성적을 평가하는 설명력은 95.45%로 매우 높은 것으로 나타났다.

이러한 결과를 선형그래프로 시각화한 결과는 다음과 같다.

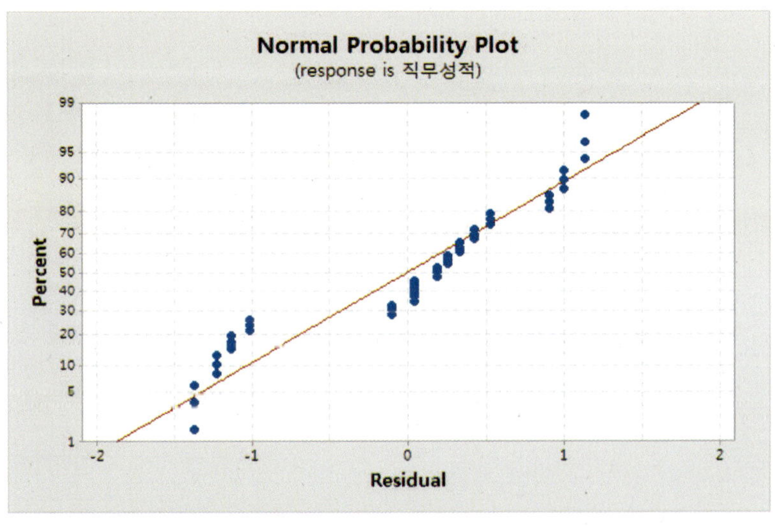

다중회귀분석 결과 선형관계 그래프

숨어 있는 집단의 판별

특정 집단 간 유사성과 상이성을 명확하게 구분하여 대응해야 한다

집단 간 유사성이나 상이성을 명확하게 판별하기 위해 실시하는 판별분석은 기업의 마케팅 전략 개발 시 자주 활용되는 방법이다. 판별분석은 일반적으로 다음과 같은 목적으로 시행한다.[11]

첫째, 기준변수나 종속변수의 범주를 보다 명확하게 구분하기 위한 판별함수를 개발하거나 예측변수나 독립변수들의 선형결합관계를 찾아내기 위하여 실시한다.

둘째, 독립변수(즉 독립변수)들과 관련하여 집단 간 유의석인 차이가 존재하는지의 여부를 판단하기 위하여 판별분석을 실시한다.

---

[11] 최천규(2010), 앞의 책, pp. 435~436.

셋째, 집단 간 차이에 기여하는 예측변수를 결정하기 위하여 판별분석을 실시한다. 즉 집단구분에 영향을 미치는 의미 있는 변수를 발견하기 위하여 실시한다.

넷째, 독립변수들의 값에 기초한 집단의 케이스를 분류하기 위하여 실시한다.

다섯째, 분류의 정확성을 판단하기 위하여 실시한다.

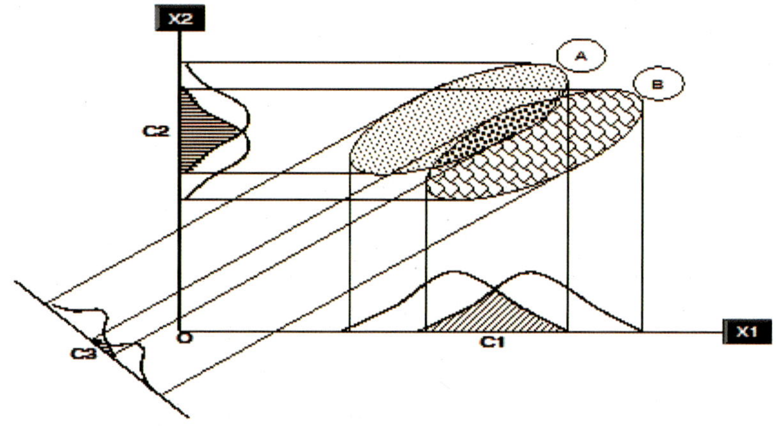

판별분석의 모형(출처: 최천규, 『마케팅조사-SPSS 활용편』, 한올출판사, 2010)

판별분석은 종종 선거여론조사에 활용되기도 한다. 특정 후보나 정당에 대한 지지도 등과 관련한 질문에 대부분 정확하게 대답하지만, 인지된 위험 때문에 실제 본심과는 다르게 대답하는 경우도 있다. 이런 경우 빅데이터를 통해 판별함수를 도출하고, 정확하게 유권자를 분류하여 선거전략에 활용한다.

　　판별분석을 실시하면 최종적으로 다음과 같이 도표로 그 결과를 얻을 수 있다.

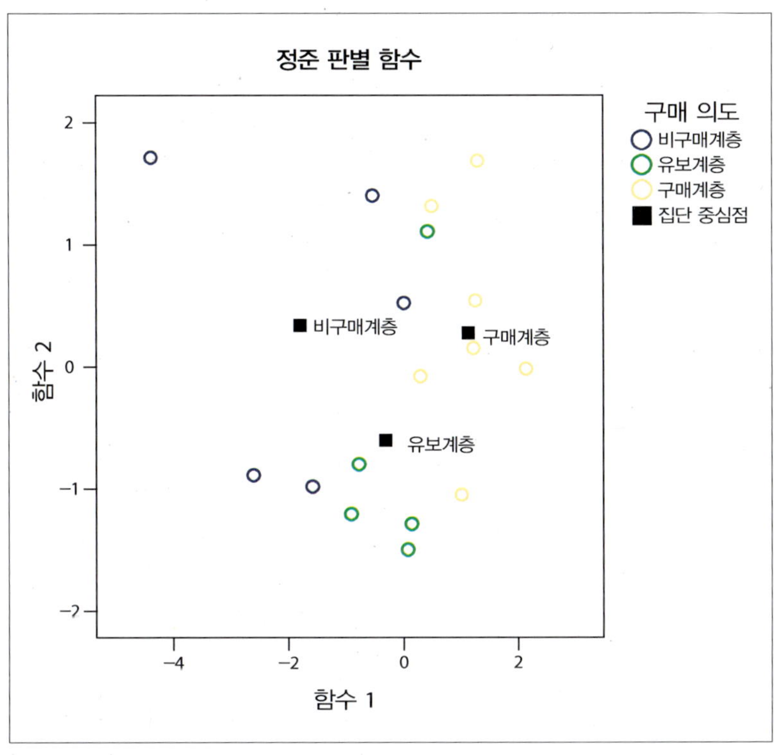

판별분석 결과 도표

판별분석 도표를 보면, 집단 중심점에 전혀 다른 집단의 사람들이 분류되어 있다. 이는 초기 응답에서 응답자가 정확하게 자신의 의사를 표현하지 않았으며, 판별분석을 통해 재분류되었다는 것을 의미한다.

다음의 분류결과표는 최종적으로 집단을 분류한 결과를 보여주고 있다. 비구매계층은 원래 5명이었는데 판별분석을 통해 분석한 결과 구매계층이었다는 사실이 드러났다. 유보계층도 6명이었지만, 최종적으로 1명이 구매계층으로 재분류되었음을 알 수 있다. 구매계층의 경우 총 9명이었지만 2명은 유보계층이었음이 판별되었다. 이처럼 초기에 자신을 숨긴 사람들의 집단을 판별함수로 정확하게 재분류하여 비즈니스 전략을 세운다면 전략적 오류가 그만큼 적어질 것이다.

판별분석을 이용한 최종 집단 분류결과표[b,c]

구매의도		예측 소속집단				전체
		구매 의도	비구매계층	유보계층	구매계층	
원래값	빈도	비구매계층	4	0	1	5
		유보계층	0	5	1	6
		구매계층	0	2	7	9
	%	비구매계층	80.0	.0	20.0	100.0
		유보계층	.0	83.3	16.7	100.0
		구매계층	.0	22.2	77.8	100.0
교차유효값[a]	빈도	비구매계층	2	1	2	5
		유보계층	1	3	2	6
		구매계층	0	2	7	9
	%	비구매계층	40.0	20.0	40.0	100.0
		유보계층	16.7	50.0	33.3	100.0
		구매계층	.0	22.2	77.8	100.0

a 분석 시 해당 케이스에 대해서는 교차유효화가 수행됩니다. 교차유효화 시 각 케이스는 해당 케이스를 제외한 모든 케이스로부터 파생된 함수별로 분류됩니다.
b 원래 집단 케이스 중 80.0%가 바르게 분류되었습니다.
c 교차유효화 집단 케이스 중 60.0%가 바르게 분류되었습니다.

Key Point

- 판별분석은 집단 간 유사성과 상이성을 보다 명확하게 분석하는 방법이다.
- 판별분석을 통해 자신을 드러내지 않은 소비자집단을 명확하게 재분류하여 비즈니스 전략을 세운다면 시장에서의 실패가 그만큼 적어질 것이다.

속성과 개체로 집단화

속성으로 요약하고 유사 개체로 집단화하여 접근하라

빅데이터 분석은 속성이라는 데이터와 개체라는 데이터로 혼합되어 있다. 속성은 상품이나 서비스 구매 시 중요하게 생각하는 요소, 즉 가격, 이미지, 종업원의 친절 등으로 표현되는 요소를 말한다. 반면에 개체는 응답자, 즉 사람을 일컫는 말이다.

빅데이터를 분석하다 보면 속성의 수를 줄여야 할 때가 종종 발생하며, 응답개체를 유사성이 있는 집단으로 군집화하여 분석해야 할 필요성을 느끼게 된다. 속성의 수를 줄이거나 개체의 수를 줄여서 집단이나 군집으로 요약하면, 상황을 설명하는 데 훨씬 용이하기 때문이다.

시장상황이나 경쟁상황 등을 설명하는 데 있어 속성의 수가 7개, 10개, 20개 등으로 늘어나면 시장상황을 설명하는 데 여러 가지 어려움이 발생한다. 혼란이 생기고 어떤 것이 중요한지 모르는 경우가 생긴

다. 이럴 때 자료를 요약하거나 축약해서 보면 그 구조가 훨씬 명료하
게 보이기 마련이다.

　　이처럼 속성의 수를 줄이는 분석기법을 요인분석이라 하고, 개체
의 수를 줄이는 분석기법을 군집분석이라 한다. 예를 들이, 자동차를
구매할 때 중요하게 고려하는 속성이 20개가 있다고 하자. 20개의 속
성과 구매를 고려하는 자동차 브랜드 모두를 하나하나 비교하면서 자
동차를 구매하려 한다면 아마도 얼마 지나지 않아 선택의 피곤함을 느
끼게 될 것이다. 만약 20개의 구매 고려요소를 몇 개의 요인으로 집단
화시킨다면 의사결정 시 매우 유용할 것이다. 예를 들어 경제성 요인,
품격요인 등으로 집단화하면 의사결정이 수월하지 않겠는가?

요인분석 수행절차(출처: 최천규, 『마케팅조사-SPSS 활용편』, 한올출판사, 2010.)

요인분석을 통해 속성을 집단화하는 것처럼 수천, 수만, 수십만 명의 소비자들을 몇 개의 집단으로 집단화하는 방법이 있다. 이를 군집분석이라 한다.

군집분석은 흔히 클러스터분석이라고도 한다. 군집분석은 소비자 집단을 비교적 동질적인 집단으로 분류하는데, 동일 집단 내의 요소들은 서로 비슷한 성향을 갖는다. 반면에 다른 집단과는 성향이 상호 배타적인 특성을 갖는다.

군집분석은 다음과 같은 절차에 의해 수행된다. 군집분석은 R뿐만 아니라 SPSS, Minitab 등 대부분의 빅데이터 분석패키지에서 제공하고 있다.

요인분석과 군집분석을 이용하여 포지셔닝 전략, 시장 세분화, 광

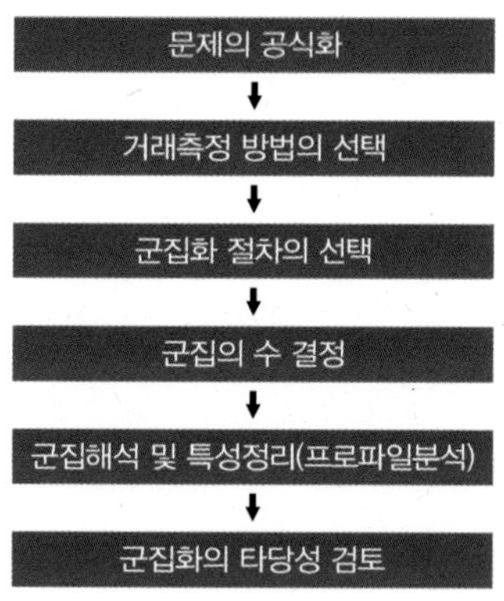

군집분석의 절차(출처: 최천규, 『마케팅조사—SPSS 활용편』, 한올출판사, 2010.)

고 전략 등 다양한 방식의 전략수립에 활용한다.

개체를 군집화하는 방법은 크게 단일결합방식, 완전결합방식, 평균결합방식, 와드의 절차, 중심점 절차 등 다섯 가지 방식이 있다.

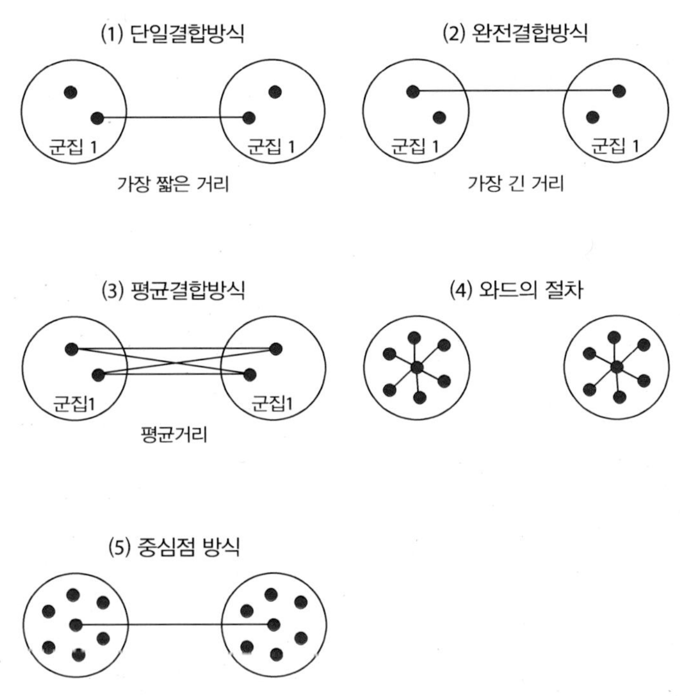

군집화이 결합방법(출처: 최처규 『마케팅조사—SPSS 활용편』, 한올출판사, 2010.)

Key Point

- 빅데이터 분석 시 집단화하는 방법에는 두 가지 방법이 있다.
- 속성을 집단화하는 방법은 요인분석을 활용하며, 개체를 집단화하는 방법은 군집분석(클러스터분석)을 사용한다.
- 요인분석과 군집분석을 이용하여 포지셔닝 전략, 시장 세분화, 광고 전략 등 다양한 방식의 전략수립에 활용한다.

소비자의 인식 속으로 자리매김

소비자가 지각하는 인식의 공간으로 들어가서 자리하라

소비자들이나 고객의 마음속으로 들어간다는 것은 매우 어려운 일이다. 그래서 많은 학자들은 소비자들의 심리적 지각공간을 분석하기 위해 많은 시도를 해왔다. 이러한 방법 가운데 하나가 다차원척도법[12]이다.

다차원척도법은 시각적으로 공간상에 응답자의 지각과 선호도를 나타내기 위한 절차의 한 종류이다. 자극 간에 지각된 심리적 관계는 다차원적인 공간에 위치한 점 간의 지리적인 관계로 나타낼 수 있다. 이런 지리적 공간을 공간지도 혹은 지각도(Perceptual Map)라고 한다.

지각도는 어떤 상품이나 서비스, 기업이 소비자의 마음속에 상내적으로 어떤 위치에 자리하고 있는지를 나타내는 지도로 포지셔닝 맵

---

12   Multidimensional Scaling: MDS

(Positioning Map)이라고도 한다.

　다차원척도법을 실시하기 위해서는 우선적으로 빅데이터가 분석하고자 하는 상품이나 서비스가 상대적 유사성이나 선호도를 측정한 등간척도로 구성되어 있는가를 먼저 살펴야 한다. 다차원척도법의 절차는 다음과 같다.

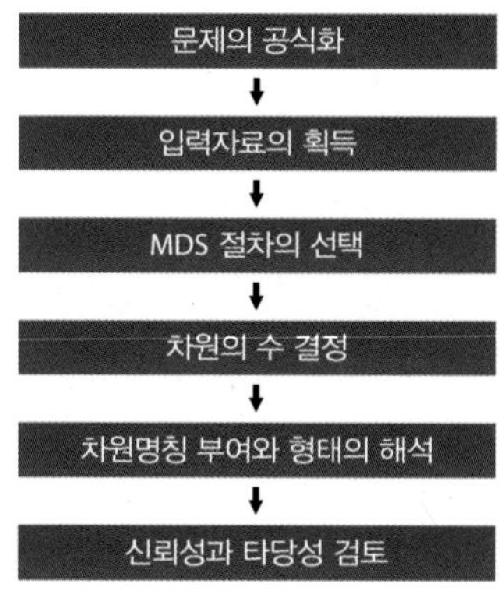

다차원척도법의 수행(출처: 최천규, 『마케팅조사—SPSS 활용편』, 한올출판사, 2010.)

　와인의 유사성 정도를 측정한 데이터는 행렬 매트릭스 형태로 입력된다. 분석도구에 따라 다차원척도법을 제공하는 것과 그렇지 않은 것이 있으므로 적절한 도구를 사용할 필요가 있다.

	샤토 마고	샤토 페트뤼스	로마 네콩티	바롤로	바르바 레스코	브루넬로 디 몬탈치노	슈퍼 토스 카나	포트 와인
샤토 마고	0							
샤토 페트뤼스	2	0						
로마네 콩티	3	3	0					
바롤로	5	2	5	0				
바르바레스코	4	5	4	3	0			
브루넬로 디 몬탈치노	7	7	6	4	5	0		
슈퍼 토스카나	4	3	3	7	1	2	0	
포트 와인	4	5	6	3	5	4	5	0

행렬 매트릭스 형태의 데이터 입력 예

다음의 그림은 SPSS의 다차원척도법을 활용해서 와인 간 유사성 거리를 측정한 데이터를 이용해 분석한 결과이다. 유클리디안 거리 모형을 이용하였으며, 유사성이 높은 와인 간 거리는 근접해 있고 그렇지 않은 경우는 멀리 떨어져 있는 것을 알 수 있다. 이러한 유사성에 의한 지각도는 마케팅 전략 수립 시 경쟁포지셔닝을 결정하는 데 매우 유용하게 활용되는 기법이다.

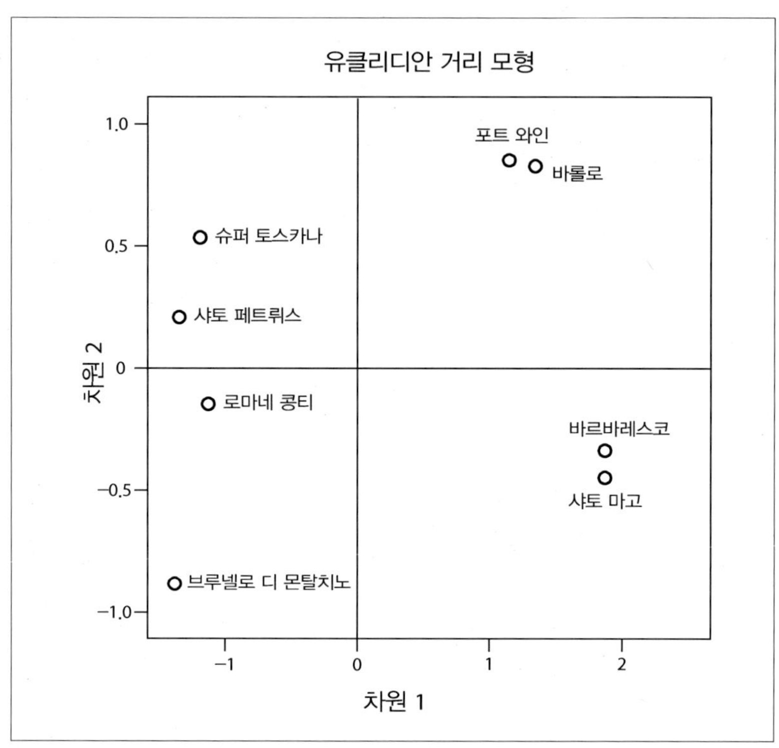

다차원척도법 분석결과 지각도

194

참고문헌

노규성 외, 『빅데이터 분석 기획』, 와우패스, 2017.

노규성, 「사례분석을 통한 지방행정의 빅데이터 활용 전략」, 『디지털융복합연구』 12권 1호, 2014.

매일경제, 2017년 7월 31일 자 기사.

최천규, 『마케팅조사-SPSS활용편』, 한올출판사, 2010

하버드비즈니스리뷰, 2012년 10월호.

한국디지털정책학회 빅데이터전략연구회, 『NCS 기반 경영 빅데이터 분석』, 와우패스. 2017.

한국소프트웨어기술인협회 빅데이터전략연구소(2017), 『NCS 기반 경영 빅데이터 분석사 2급』, 와우패스, 2017.

함유근, 『이것이 빅데이터 기업이다』, 삼성경제연구소, 2015.

후카사와 신타로 지음, 한진아 옮김, 『직장인 숫자 활용 매뉴얼』, 경향BP, 2016.

사진 · 도표 출처

PART 1 | 진격의 거인, 빅데이터

1-1   http://m.blog.naver.com/open8370/221131418984

1-2   http://cfile4.uf.tistory.com/image/2341BD5059396007080A35

1-3   http://image.chosun.com/sitedata/image/201605/06/2016050601483_0.jpg

1-4   http://file.mk.co.kr/meet/neds/2013/12/image_readtop_2013_1317050_138751567
      21116597.jpg

1-5   https://static.comicvine.com/uploads/original/6/67663/3599837-01.jpg
      https://cdn1.thr.com/sites/default/files/2015/08/attack-on-titan.jpg

1-6   http://www.ggilbo.com/news/photo/201704/364755_278016_4959.jpg

1-7   http://img.imnews.imbc.com/news/2016/sports/article/__icsFiles/afieldfile/2016/03
      /14/h4_h_1.jpg

1-8   https://zeronova.kr/2013/08/07/seoul-bus-route-optimization

PART 2 | 빅데이터 생태계와 데이터 과학자

2-1   http://cfile235.uf.daum.net/image/1847F73650A9A03A09A193

      https://ict.swisscom.ch/wp-content/uploads/2016/01/Data-Scientist-600x450.jpg

2-2   http://patidea.tistory.com/14

2-3   https://cdn.pixabay.com/photo/2013/05/17/19/14/eye-111855_960_720.jpg

2-4   http://www.newmaster.it/public/courses/dd56732a70f85525278dd2b55f1b9554.jpg

2-5   http://www.helloiplaw.com/wp-content/uploads/2017/04/math-1024x654.jpg

2-6   http://t1.daumcdn.net/brunch/service/user/w0d/image/4a4UwYgWf8mOpl4JwSPY

      jmXXNL0.jpg

2-7   https://static2.stuff.co.nz/1451332886/618/13534618.jpg

2-8   http://cfile28.uf.tistory.com/image/2301D8505641C43D063AD2

2-9   https://fifthperson.com/wp-content/uploads/2017/07/chemicals.jpg

PART 3 | 빅데이터의 가치를 높이는 법

3-1   http://ppss.kr/wp-content/uploads/2016/01/peter-540x306.jpg

3-2   http://www.cas.manchester.ac.uk/images/photos/instruments/600x400/SP2-Contam

      ination.jpg

3-3   http://static.hubzum.zumst.com/2017/10/31/08/c63f11ca9a7b4b4294aa3cb113149

      f12_780x0c.jpg

3-4   http://www.iexceller.com/MyXls/Excel_2007/images/step_c1.gif

3-5   https://s-media-cache-ak0.pinimg.com/originals/69/5b/43/695b43b714a3eaec2ff8

      34ec540e7b7e.jpg

3-6   https://www.originlab.com/www/products/GraphGallery.aspx?GID=316

3-7   https://docs.unrealengine.com/latest/images/Support/Builds/ReleaseNotes/2015/4_

      8/image_50.jpg

3-8   http://support.sas.com/documentation/cdl/en/grstatproc/62603/HTML/default/im
ages/gsgscmat.gif

3-9   https://c1.staticflickr.com/3/2772/4154450611_be8cc8f3a7.jpg

3-10   http://files.idg.co.kr/itworld/image/2016/10/excel2016_chart_histogram-1
00720891-large.jpg

3-11   https://c1.staticflickr.com/3/2781/4155208910_48f4f35b39.jpg

3-12   http://www.visualdive.co.kr/wp-content/uploads/2014/09/20140915-ghj.jpg

PART 4 | 빅데이터 분석 툴과 방법

4-1   http://covers.oreillystatic.com/images/0636920032960/cat.gif

4-2   http://contents.dt.co.kr/images/201702/2017020302109932101002[1].jpg

4-3   https://gephi.org/css/images/illustrations/home_screenshot.jpg